校园文化建设与大学生法治精神培育实践

董玉立◎著

线装书局

图书在版编目（CIP）数据

校园文化建设与大学生法治精神培育实践 / 董玉立著. -- 北京：线装书局，2023.7
ISBN 978-7-5120-5508-7

Ⅰ.①校… Ⅱ.①董… Ⅲ.①高等学校－校园文化－建设－研究－中国②大学生－社会主义法制－法制教育－研究－中国 Ⅳ.①G647②D920.4③G641.5

中国国家版本馆CIP数据核字(2023)第114131号

校园文化建设与大学生法治精神培育实践
XIAOYUAN WENHUA JIANSHE YU DAXUESHENG FAZHI JINGSHEN PEIYU SHIJIAN

作　　者：	董玉立
责任编辑：	白　晨
出版发行：	线装書局
地　　址：	北京市丰台区方庄日月天地大厦B座17层（100078）
电　　话：	010-58077126（发行部）010-58076938（总编室）
网　　址：	www.zgxzsj.com
经　　销：	新华书店
印　　制：	三河市腾飞印务有限公司
开　　本：	787mm×1092mm　　1/16
印　　张：	10
字　　数：	240千字
印　　次：	2024年7月第1版第1次印刷

定　　价：68.00元

前　言

依法治国是国家治理的一场深刻革命和中国特色社会主义的本质要求，建设社会主义法治国家是实现国家治理体系和治理能力现代化的必然要求。高校承担着培养有才有德的复合型人才的艰巨任务，具有法治精神的时代新人是复合型人才的应有之义。法治精神的本质是依法治国的信念与精神，是社会和谐、权力制约、保障人权、公平正义、法律至上等价值追求的综合体。在高校校园文化建设过程中加强法治精神教育，支持和引导大学生建立法治信仰，对于法治校园建设乃至法治中国建设都具有积极推动作用。

本书首先对校园文化的内涵、校园文化的特点、校园文化的功能做了简要介绍；其次阐述了国外校园文化建设与启示，其中包括发达国家高校校园文化的界定、发达国家校园文化的结构要素、发达国家校园文化建设的突出特点以及发达国家校园文化建设的启示；再次分析了校园文化建设的内容，让读者对校园文化建设的内容有了全新的认识；然后对大学生法治教育、大学生法治精神培育进行了较大幅度的改进，最后从多维度阐述了大学生法治精神培育的创新研究，充分反映了 21 世纪我国校园文化建设与大学生法治精神培育方面的前沿问题，力求让读者充分认识校园文化建设与大学生法治精神培育研究的重要性和必要性。本书兼具理论与实际应用价值，可供高校教学与管理相关工作者参考和借鉴。

法治教育是大学教育的重要环节，法治文化和法治精神培养是校园文化的构成内容，法治的真谛，在于每个人的真诚信仰和忠实践行。公民在法治社会中法律素养、法治观念的强弱，是评价公民是否能够融于社会的一种标准。高校良好的法治校园文化建设能够有效促进大学生健康成长。高校要充分重视培养学生法治精神，增加法治文化建设内容、拓展法治精神培养渠道，这对于提高学生的法治精神、完善高校思政教育、建设法治校园和依法治国都具有特别重要的意义。

为了提升本书的学术性与严谨性，在撰写过程中，作者参阅了大量的文献资料，引用了诸多专家学者的研究成果，因篇幅有限，不能一一列举，在此一并表示最诚挚的感谢。由于时间仓促，加之作者水平有限，在撰写过程中难免出现不足的地方，希望各位读者不吝赐教，提出宝贵的意见，以便作者在今后的学习中加以改进。

目 录

第一章 校园文化内涵、特点与功能 …………………………………… (1)
  第一节 校园文化的内涵 ……………………………………………… (1)
  第二节 校园文化的特点 ……………………………………………… (10)
  第三节 校园文化的功能 ……………………………………………… (13)

第二章 国外校园文化建设与启示 ……………………………………… (19)
  第一节 发达国家高校校园文化的界定 ……………………………… (19)
  第二节 发达国家校园文化的结构要素 ……………………………… (20)
  第三节 发达国家校园文化建设的突出特点 ………………………… (23)
  第四节 发达国家校园文化建设的启示 ……………………………… (26)

第三章 校园文化建设的内容 …………………………………………… (30)
  第一节 校园精神文化建设 …………………………………………… (30)
  第二节 校园制度文化建设 …………………………………………… (39)
  第三节 校园行为文化建设 …………………………………………… (48)
  第四节 校园物质文化建设 …………………………………………… (61)
  第五节 校园网络文化建设 …………………………………………… (72)

第四章 大学生法治教育 ………………………………………………… (89)
  第一节 大学生法治教育研究理论 …………………………………… (89)
  第二节 大学生法治教育时效性研究 ………………………………… (93)
  第三节 大学生法治教育和道德教育 ………………………………… (108)
  第四节 大学生创业法律意识的培养 ………………………………… (124)
  第五节 当代大学生法治教育的途径 ………………………………… (133)

第五章 大学生法治精神培育概述 ……………………………………… (138)
  第一节 大学生法治精神培育的内涵 ………………………………… (138)
  第二节 大学生法治精神培育功能 …………………………………… (142)
  第三节 大学生法治精神培育的指导思想 …………………………… (143)
  第四节 大学生法治精神培育路径 …………………………………… (145)
  第五节 大学生法治精神培育的时代意蕴 …………………………… (147)

第六章　大学生法治精神培育的创新研究 …………………………………（151）
　　第一节　数智时代大学生法治精神的培育 …………………………（151）
　　第二节　协同理论视角下大学生法治精神 …………………………（153）
　　第三节　"互联网+"下大学生法治精神 ……………………………（156）
　　第四节　民族地区大学生法治精神培育 ……………………………（157）
　　第五节　网络议程设置下大学生法治精神培育 ……………………（159）
参考文献 ………………………………………………………………………（162）

第一章　校园文化内涵、特点与功能

第一节　校园文化的内涵

什么是校园文化？要认识它，就不得不首先弄明白什么是文化。文化！文化！在这个简简单单的词后面，它给人们展开的是一幅博大而浩瀚的画卷。

一、文化的源起

文化源起何时，又出自何处？文化，对于当今大众来说，既熟悉又陌生。"熟悉"是因为文化总是伴着每个人的生活左右；"陌生"则在于文化在不同人的视野中有不同的表达。正如斯宾格勒所说，文化"是丰富多彩，闪耀着光辉，充盈着运动的，但理智的眼睛至今尚未发现过它们。"

在中国的古籍中，"文"的本义是指各色交错的纹理。《左传·隐公元年》："仲子生而有文在其手"。这里"文"是指手掌中的纹理。《易·系辞下》曰："物相杂，故曰文"。此时，"文"抽象为"物"的交错。显然，古人用"文"传达了事物间的相互关联、密不可分，又用这千变万化的关系意指事物的错综复杂；在此基础上，衍生出若干引申义，如文字、文章、文采、文物典籍和礼乐制度、修养、德行、美善等。《文心雕龙·原道》说："文之为德也大矣，与天地并生者，何哉？夫玄黄色杂，方圆体分，日月叠璧，以垂丽天之象；山川焕绮，以铺理地之形；此盖道之文也。"文与人生存其间的天地系统的关系是紧密相连的，无论是人自己创造的文化，还是文化对人本身的影响，都应循天地万物之道。"化"，甲骨文作像二人一正一倒之形，表示变化之意。《说文》："匕，变也，从倒人"，又"化，教行也。从匕从人，匕亦声。""匕"是"化"的初文，变化是本义，教化是引申义。如《庄子·逍遥游》："北冥有鱼，其名为鲲。化而为鸟，其名为鹏"用如本义，而《老子》"我无为而民自化"中则用如引申义。《易·系辞下》中"男女构精，万物化生"。"化"意指易、生成、造化，隐含有事物形态或性状的改变，后引申为"教化"、"教行"。"文化"联系在一起最早出现在《易·贲卦·象传》中："观乎天文，以察时变；观乎人文，以化成天下"。这里"天文"是指自然界的秩序，"人文"为人事的条理，已明显有了"以文教化"的思想。真正将此二字合在一起使用是出现在西汉以后。刘向《说苑》"凡武之兴，谓不服也；文化不改，然后加诛"，晋束皙《补亡诗》"文化内辑，武功外悠"等，这里"文化"是指"文治和教化"，与武力征服对应。中国古代所指文化显然与我们现时文化的指代不同，但皆具有文治教化之意。

在西方，文化一词亦有着悠久的历史。文化的拉丁文是cultus，为动词colere的派生词，其本意是指人对土地、土壤的耕作、加工及对植物的培育，而获得的一切东西。这时的文化就是人的所有劳作所得物，是实体形式存在的物质，它包含有相对于自然存在的人的因素在里面。这种用法至今仍在农业"Agriculture"和园艺"Horticulture"两词中保存着。后来这一术语产生了转义，到古希腊罗马时代，著名演说家西塞罗在他的"智慧文化即哲学"这句名言中把文化的转义确切地表达出来了，认为文化具有改造人世间内心世界、使人具有理想公民素质的意思，从而把文化一词的含义从物质领域引入到人类精神活动中。在中世纪，文化概念的含义被神学观念所压倒。到了17世纪，文化才作为独立概念被提出来和使用。据I·尼德曼的研究，第一个这样做的是德国法学家S·普芬多夫。他认为，文化是社会人的活动所创造的东西和有赖于人和社会生活而存在的东西的总和。18世纪启蒙时代的理论家如伏尔泰等人，视文化为不断向前发展的、使人得到完善的社会生活的物质要素和精神要素的统一。

二、文化的概念

以一个命题的形式给文化下一个定义，这对于研究文化的学者们来说无疑是首要的、最基础的工作，然而却是最不易的事。"文化概念之大而模糊，范围之广而无涯，非勇者不敢言，非深思博学者不敢论。"尽管如此，不同时期的研究者们还是从多维角度对文化给出了定义，从而大大丰富了文化研究的视角。美国人类学家A·克罗伯和C·克拉克洪在其合著的《文化，关于概念和定义的检讨》一书中，曾收集分析过1871~1951年这80年间160多个关于文化的定义。到目前为止，在人类学、社会学、文化学等论著及字典辞书中，关于文化的正式定义，至少有400多个。

现代学科意义上的"文化"是进化学派的创始人之一，被称为人类学之父的英国人类学家爱德华·泰勒提出的。泰勒于1871年在其所著的《原始文化》中指出:"文化,或文明,就其广泛的民族学意义来说,是包括全部的知识、信仰、艺术、道德、法律、风俗以及作为社会成员的人所掌握和接受的任何其他的才能和习惯的复合体。"这个定义被认为是第一次给文化一个整体性的概念,并给后来的文化研究者奠定了基本的范畴,因而具有划时代的意义。在此之后,对文化的研究迅速发展,带来了一股文化研究的热潮,并深刻地影响着历史、文学、艺术等领域的研究。如美国一些社会学家、文化人类学家诸如奥格本、亨根斯及维莱等人把泰勒的"文化"定义修正为:"文化是个复杂体,包括实物、知识、信仰、艺术、道德、法律、风俗以及其余社会上习得的能力与习惯。"这个定义增加了物质财富,把泰勒狭义的文化定义修正为广义的文化定义,即文化包罗万象,凡人类所创造的一切,包括精神的和物质的均属文化现象。总之,"文化就是'人化',是人类社会特有的一种历史现象,它是伴随着人类的产生而产生并随着人类社会进步而发展的。无论是物质文化还是精神文化,都与社会的生产力及社会性质相适应。每一个社会都有与其相适应的文化,并随着社会生产的发展而发展。精神文化依赖于物质文化,又反作用于物质文化。"

Malionwski的定义:"文化明显地是一个不可分割的整体,它包括工具和消费品,不同社会团体的共同宪章,以及人类的思想、技艺、信仰和风俗。"

Herskivits的定义:"一种文化是一个民族的生活方式,一个社会是遵循一种特定生活方式的有组织的集合体。社会由人组成,而他们行动的方式即是他们的文化。"

Porter和Samovar认为,文化是一个大的人群在许多代当中通过个人和集体的努力获得的知识、经验、信念、价值、态度角色、空间关系、宇宙观念的积淀,以及他们获得的物质的东西和所有物。

而荷兰学者Geert Hofstede把文化生动地定义为"心灵的程序"和"心灵的软件"。他认为,文化之于人犹如程序之于计算机。计算机的运行依靠软件,程序怎么写,计算机就怎么运行。文化就像事先写好的程序一样,决定人的行动。人若想脱离自己的文化而行动,就像计算机不按软件运行一样困难。

我国著名的语言学家胡文仲先生把文化定义为"历史上创造的所有的生活形式,包括显型的和隐型的,包括合理的、不合理的以及谈不上合理或不合理的一切,它们在某一时期作为人们行为的潜在指南而存在。"青年学者姚国华先生在他的《文化立国》一书中,关于文化一词有数十个定义,其中最简洁亦最有价值的定义是:文化,即文而化之;人从根本上是文化的,人就是文化;文化是人之所以为人的根本属性。

学者们从不同领域和视角对文化进行了调查研究,他们认为文化可以有广义和狭义两种。广义的文化是指人类社会实践中所创造的物质财富和精神财富的总和。具体包括以下内容：人类用于满足自身需求的物质资料。人类建立的社会制度和组织。关于自然、人类本身以及艺术发展的知识。语言和其他交际系统。风俗、习惯和行为模式。价值系统、世界观、民族特性、审美标准和思维模式。

狭义的文化是指社会的意识形态，以及与之相适应的制度和组织结构。在这里，广义的文化所强调的物质财富被排除在外。狭义的文化强调一个民族的风俗、习惯、行为准则以及潜在的对它们有影响的价值系统、世界观、民族特征、社会制度和社会组织等。狭义的文化又称为"小C文化"或"人类学文化"。中外学者对文化的定义，实际上进一步阐释了文化的两个基本属性：文化是一种精神形态——它类似于人的"心灵的程序"，作为"人们行为的潜在指南而存在"；文化又是一种物质形态——泛指人类创造的物质财富和一切文明成果。

综上所述，本书认为文化是人类社会所创造的物质和精神财富的综合体，是一定区域的人们从事其活动时所创造的物质的、精神的和人自身的结晶。文化是人类特有的品质。人类以外的其他动物群落是没有文化的，虽然它们也有某种集体的合作或某种行为的规范，但都不是文化，而是一种求生求存的本能反应，犹如初生婴儿的啼哭或微笑不是语言一样。作为人类特有的文化现象，它具有社会性、民族性、历史性和时代性等主要特征。

文化的社会性。文化是社会的产物，从历史的角度看，自有人类社会以来就有文化的产生，文化是伴随着人类社会的产生并随着人类社会的进步而发展的，任何一个社会都有自己的文化。从共时的角度看，文化是一种人类社会的合作产物，任何一种文化现象的产生，都是与社会合作分不开的。例如，水是一种自然物质，但当我们建立水电站用水来发电时，它就成了一种文化物质，承载和凝结着人类社会的智慧、技能与合作。所以说，文化是一种社会现象。这个观点强调了社会与自然之间的差异性。

文化的民族性。文化是一种民族现象，斯大林在《马克思主义与语言学问题》中说，民族是"历史形成的一个有共同语言、有共同地域、有共同经济生活，以及有表现于共同文化上的共同心理状态的稳定的人们的共同体。"民族这一概念有广义和狭义之分。广义的民族是指一个"国家"，如中华民族或华夏民族；狭义的民族是指组成国家的各区域民族。不同的民族生活在不同的环境和历史条件下，从而建立和发展了不同的文化。即使在同一国家内的各个民族，其文化也各有特色，尤其是风俗习惯、民族信仰等方面。

文化的历史性。文化是一种逐步形成和发展的历史现象，是伴随着一个民族的形成而产生、发展并固定下来的。每一代人都从本民族的祖先那里继承并发展着他们所创造的文化，并把这种文化顽强地积淀在人们思想意识深处，体现在社会生活的各个方面。

文化的时代性。文化具有浓厚的时代特征。不同时代会出现不同的文化现象，即便是同一民族内部也会呈现多彩的文化样式和特点。当然，每个民族文化都有其本质特征，这就是伴随着该民族的形成而产生、发展并固定流传下来的民族文化传统。文化传统有其极强的继承性、延续性。民族文化的本质特征，是由一个民族的生存环境、经济结构、生产力发展水平、社会组织形式等诸多方面的因素决定的。其中最主要的决定因素是一个民族赖以生存的地理自然环境以及由此而选择的社会经济结构形式，它是一切民族文化的基础。一个民族的文化，无论是物质文化还是精神文化，都是在这一基础上建立和发展起来的。

三、校园文化的内涵

校园文化作为一种文化形态，是伴随着学校的出现而产生的。换言之，校园文化作为一种客观存在，无论人们是否意识到它的存在，在学校出现时，它便作为一种独特的文化形态产生并且存在于"文化世界"中。

（一）中国校园文化历程

校园文化与校园教育密不可分。但无论是国外还是国内，对校园文化的研究都还只是近代的事情。然而，校园文化的渊源却是悠长的。

中国古代的校园文化。中国古代在春秋战国之前基本是"学在官府，官守学业"，校园文化的最突出的特征是政教合一。春秋战国时期是中国校园文化发展史的第一个繁荣时期，对中国校园文化乃至中国文化都具有里程碑的意义。私学大兴和百家争鸣成为当时最惹人注目的，也对后世产生了深刻影响的两件大事。这个时期，产生了以儒、法、道为代表的诸多流派思想，其中，以孔子为主要创立者的儒家思想对中国古代校园文化产生了深远的影响。他的"克己复礼"、"有教无类"的教育伦理和"学而不思则罔，思而不学则殆"、"学而时习之"、"温故而知新"等教学理念历经几千年的时空检阅而仍不褪色。秦、汉以后，作为大一统的中央集权式的东方大国，太学的创立无疑是应时而生，成为中国文化史上的大事，也是中国校园文化史上的大事。太学不仅成为国家储备人才良将的职能机构，其社会影响力也得到充分扩张。到了魏、晋以后，中国的南北对峙和三分天下，造成社会动荡不已，战争成为社会的主题，文化的发展受到极大的阻力。在其后的唐、宋时期，中国的文化盛宴才得以出现。明、清时期对唐、宋时期文化的承袭和创新做了大量的工作。自隋朝开始的科举制度成为校园文化的中轴，它成为中国知识分子入仕的主要途径。而后，中国的官学和私塾成为古代校园文化的两朵奇葩。

到中国近代，变法图强成为校园文化的主旋律。不论是19世纪60年代开始的洋务运动还是康、梁等的戊戌变法，都体现着要求变革的时代强音。"废科举，兴学校"，实施"新政"使得中国实行了1300余年的科举制在形式上彻底完结了。与此同时，伴随着西方列强的军事和政治侵略，新式的西洋学校也传入中国，以教会学校为典型形式。它一方面冲击着中国的传统校园教育，对华文化的渗透加剧；另一方面，也为近代中国的新式学校教育打开了新的视角。也正是在这种情况下，辛亥革命爆发后，以蔡元培为代表的新一代教育学家，开始孕育以民主共和思想为核心的校园文化。正是这种校园文化思想，深刻地影响了那一代青年。他们倡导民主和科学，开拓创新，救国救民，发动了以"五四运动"为代表的新的文化运动，爱国救亡成为中国现代校园文化的主旋律。

真正步入正轨的校园文化要从高考制度恢复以后算起。从1978年以后，校园文化的发展阶段可以划分如下：

第一阶段：校园文化的萌芽，向"四人帮"讨回青春的读书热。

第二阶段：校园文化的初建时期，非理性思潮引入。这一时期校园文化的发展是与一浪高过一浪的西方社会思潮分不开的。最初是萨特的存在主义。萨特认为"自由是人的命运、人的本质"。正因为如此，在任何条件下，每个人都为自己的行为负责。其次是尼采的学说。尼采以诗一般明快的语言，以惊世骇俗的狂妄再度引起喜欢警句与深刻思想的青年学生的关注。尤其是尼采喊出的"上帝死了"、"重估一切价值"，更迎合了学生对历史否定与怀疑的心理潜流，因而把学生推向了非理性的顶峰。再次是马斯洛的第三思潮。马斯洛的自我实现理论，给否定了传统甚至是否定了一切但不知寻找何种归宿的学生注入了一束光线，促使他们开展了形式多样的校园文化活动。

第三阶段：校园文化的重建期，1989年的学潮和政治风波给当时的校园留下了无尽的思考，也给校园文化建设带来了极度的困惑。校园文化建设者们谈及校园文化时如触雷区般，唯恐引起意外事件。在一些学生看来，唯一自豪的青春热情被利用、被否定了，似乎社会也不理解他们，学校也不认同他们。一时间，崔健的那首《一无所有》响彻清寂校园，这歌声喊出了当时学生的迷惘，也反衬了校园文化的沉寂。因此，校园文化亟待重建。校园文化的重建期包括两个阶段，一是校园文化的失范期。"快餐文化"成为校园里畅销的热点，新一轮读书无用论兴起、人文精神失落。二是校园文化的全面重建期。以素质教育为突破口，校园文化开始探索现实与未来、精神文明建设与市场经济内在需求相一致的文化建设模式。以服务社会、提高自身适应能力为目的，校园文化开始探索与社会实践相结合的新形式。

（二）校园文化的概念

作为西方第一位系统研究校园文化的学者，沃勒这样阐释校园文化："学校中形成特别的文化。这种文化一方面由不同年龄儿童将成人文化变为简单形态，或儿童游戏团体所保留的旧成人文化而形成的，另一方面则系由教师设计，以遇到某些年龄学生活动的文化教育所形成。学校中的各种仪式，是校内文化的一部分。学生所认为学校生活中最重要的'活动'，则属于文化模式。年青一代的特殊文化非常真实，而且能满足学生的需要。这种特殊文化的存在，可能是结合各种个体形成学校的最有效因素"。显然上述论述中，校园文化是一种独特的文化，其形成来自年青一代的文化和成人有意识安排的文化两个方面。

国内对校园文化的研究和理解存在着较大的分歧，概括起来有以下几种[②]：

"课外活动说"：校园文化是指学生为主体开展的课外活动，其作用是娱乐和调剂学生的文化生活。

"第二课堂说"：校园文化是学生接受道德及艺术教育的第二课堂，是第一课堂的延伸、补充和完善。

"文化氛围说"：校园文化既非课内活动，也非课外活动，而是通过特定的文化氛围使置身其中的校园学生受到熏陶和启发，从而获得全面发展的文化形态。

"规范说"：校园文化是指学校在教育实践中逐渐形成并以师生所认同的价值观为核心的群体意识和群体行为规范。

"校园精神说"：校园文化是在校园这一特定环境范围内生活的全体成员所共同拥有的校园价值观在物质上、意识上的具体化。"校园文化是在学校教育的特定环境下自然生成的，稳定地支配着学校成员内心世界的价值体系和学校成员的精神力量，能动地作用于学校各种客观对象的一切显性证据。"

目前，更多的学者则是从较为综合的角度提出了自己的观点。校园文化，是指"一所学校内部所形成的为其成员所共同遵循并得到同化的价值观念体系、行为规则和共同的思想作风的总和。用一句话概括，校园文化就是学校成员内在和外在的行为规则，它表明了一所学校的独特风格精神。校园文化蕴含着领导作风、学风和教风，由三者构成的校风是校园文化的集中体现。"

本书认为，校园文化是指在校园环境中，以全体师生为主体，经过较长时期形成的，学生之间、师生之间、师生与学校之间的互动关系所表现出来的各种物质形态、内在精神和行为活动形式等内容的总和，它是学校历史发展、文化底蕴、人文精神各个方面的综合反映。

（三）校园文化的具体内涵

根据上述定义，校园文化包括校园物质文化、校园精神文化、校园制度文化和校园行为文化,这四个层面各居其位,缺一不可;又相互交融、相互促进,共同形成完整的有特色的校园文化。

1. 校园物质文化

校园物质文化,属于校园文化的硬件,是校园文化的表层部分,是实现精神文化与制度文化的载体与手段,是推进校园文化建设必要的物质基础和前提。它主要包括以下几个方面的内容。

(1) 学校名称、标示。

(2) 校园外貌、自然环境、建筑风格、办公室与教室布置,校园绿化、美化、净化等。

(3) 校徽、校旗、校歌、校花等。

(4) 学校的纪念性建筑,包括纪念碑、纪念墙、纪念林、历史文化名人和英模塑像等。

(5) 学校的文化体育生活设施。

(6) 学校纪念品、文化生活用品。

(7) 校园文化传播网络。包括校刊、校报,校园广播、电视节目、计算机网络,宣传栏、宣传册、标语口号、橱窗板报等。

校园物质文化的每一个实体,以及各实体之间的结构关系,应反映出高校的教育理念、办学宗旨、精神价值和审美意识等。完整的校园物质文化为师生员工开展丰富多彩的寓教于文、寓教于乐的教育活动提供活动场所,使师生员工教有其所、学有其所、乐有其所,在求知、求美、求善中受到启迪和教育,促进身心健康发展。

2. 校园精神文化

校园精神文化是校园文化的核心和灵魂,也是校园文化的最高层次,是形成物质文化和制度文化的基础和原因。它主要是指全体师生员工共同创造并信守的精神品格、理想价值、道德风气等意识形态,是一所高校品质、个性、精神的集中反映。它主要包括学校发展目标、校风、教风、学风和学校人际关系等。

(1) 学校发展目标。它是高校确立的在未来一定时期内所要达到的发展成效或结果,是高校全体成员的共同理想与追求。实事求是而又鼓舞人心的学校发展目标可充分调动学校下属机构和师生员工的积极性、主动性和创造性,成为凝聚人心、汇聚人力的焦点。

(2) 校风。校风是高校及其师生员工在长期的教育教学过程中积淀、传承下来的思想作风、精神风貌、行为习惯和工作、生活方式等。校风一经形成就会在校园中造成一定的气氛,成为影响群体行为的无形的巨大力量,并对外来的文化与行为具有筛选和过滤作用。努力形成尊师重教、育人为本、求真务实、民主和谐的优良校风，实现管理育人、教书育人、服务育人，是学校提高育人质量、促进自身发展的长久之计和基础性工作。

（3）教风。教风是高校教师群体在长期的教育实践中形成的教育教学特点与风格，是教师品德、知识水平、教育教学理论与方法等素质的综合表现。教师是学生成长的领路人，先进文化的创造者、体现者与宣传者，因此，要抓好包括干部职工工作作风在内的教风建设，在干部职工中树立起勤政廉洁、团结协作、严谨高效、耐心周到的工作作风，在教师中树立起为人师表、严谨治学、科学求真、民主平等的教风，并以此促进良好学风的形成。

（4）学风。学风是指学生群体在长期学习生活过程中形成的治学态度、学习生活习惯和文明修养等。优良的学风像优良的校风、教风一样，是一种无形的力量，能够促进学生良好习惯的形成和不良习惯的修正。尊师重教、博学笃志、科学求实、文明儒雅的优良学风对学生品德的完善、学业的发展和整体素质的提高都有着重要的影响。

（5）学校人际关系。学校人际关系是指学校领导人、管理者、教职工及其家属、学生等在长期的教育教学工作中形成的人与人、群体与群体之间的关系。建设仁爱和谐、公平竞争、团结协作、共同发展的良好学校人际关系，有助于调动师生员工的积极性，有助于避免和化解各种矛盾与冲突，有助于建设和谐校园与和谐社会。

3. 校园制度文化

这是校园文化的中间层面和保障系统，它规定了高校师生员工在共同的学习、工作、生活中应当遵守的行为准则，集中体现了校园物质文化和精神文化对师生员工行为的要求。它主要包括以下三个方面的内容：

（1）一般制度。这是指维系高校正常秩序所必不可少的规章制度，比如教职工代表大会制度、教学制度、人事制度、财务制度等。这些成文制度和不成文的规范与习惯对高校师生员工的行为起着约束作用，保证了整个学校的有序运转。

（2）特殊制度。这是指高校中非程序化的制度，如学生评议教师制度、总结表彰制度、领导干部"五必访"制度等。和一般制度相比，特殊制度反映了一所高校的办学特点和文化特色。

（3）高校风俗。这是指高校长期沿袭、约定俗成的典礼、仪式、节日、活动等，如体育比赛、歌咏比赛、高校成立周年庆典等。它对于增强师生员工的认同感、归属感和凝聚力，提高高校美誉度和成员积极性有着特殊的作用。

4. 校园行为文化

可以说，物质文化是基础，精神文化是灵魂，制度文化是支撑，行为文化是表征。社会对一所学校的认识，不仅要听其言，而且要观其行。行为文化体现着学校的精神风貌，它以具体形式刻画出校园文化的核心价值观。它是校园文化最为活跃的部分，通常以行为主体如管理人员、教师、学生等的行为来划分类型。

一是学校的管理行为。在学校管理行为中处处体现学校的文化特点，体现学校的文化品位。学校管理的最大特点是充分尊重教师的六大需求，即：教师需要报酬、需要荣誉、需要关爱、需要民主、需要休息、需要宣泄；让教师享受五大权力，即：知晓权、发展权、评价权、决策权和选举权。新的管理行为要有反映新理念的管理制度加以保证。

二是教师的行为。它是校园文化的具体实践。提升教师行为规范、提升师德形象、提升教学研究的质量、提升新型的师生关系是体现教师行为文化的四个主要方面。

三是学生行为。体现出学校特色行为文化的学生良好行为，一方面来自教师和家长的自身影响，一方面取决于学校是否创设符合学生生活经验的教育场景，是否以多种方式搭建有利于学生主动参与、自主管理的平台。

综上所述，校园文化的四个层面是紧密相连的。物质文化是校园文化的表现和载体，是制度文化、精神文化和行为文化的物质基础；精神文化则是形成物质文化、制度文化和行为文化的思想基础；制度文化则约束和规范着物质文化、精神文化和行为文化；行为文化是物质文化、精神文化和制度文化的具体表征。社会进步和学校发展已进入"文化制胜"的时代，认识校园文化的功能与内涵，坚定加强和改进校园文化建设的信念，脚踏实地地搞好校园文化建设，努力营造良好的育人环境，提高人才培养质量，是学校发展的正确方向。

第二节　校园文化的特点

一、校园文化的时代性和先进性

任何文化都是时代的产物，随着社会的发展而不断演绎自己的形态，学校也不例外。学校要受到一定时代的政治、经济、教育以及社会结构、文化风尚制约。换言之，学校离不开时空环境，时空环境是影响师生生存、发展的重要因素。同时，一种文化模式在其形成之后，并不是一成不变的，它跟随着时代的步伐由低级向高级不断发展。因此，不同的时代都具有不同的文化形态和不同的文化成就。学校教育的职能和校园主体中教师较高的文化素质，决定了校园文化必然充分反映时代精神，带有鲜明的时代特征。校园文化总是伴着社会和时代的主题，演化着自己的主题和形态。校园文化的时代性主要体现在创新与发展两个方面。当今信息时代的校园文化蕴藏着与过去时代无法比拟的时代精神特点，创新、改革是当代校园文化的一个新的亮点。开展创造教育、培养创新人才，已成为当今校园文化建设刻不容缓的任务。

校园既是文化荟萃的重要场所，又是先进科学文化的摇篮，它既与社会保持着密切的联系，使自己培养的人才能适应现实社会、服务于社会，又高于现实社会，使其培养出的人才成为改造现实社会、实现社会理想、构建新的更好更完善的社会的动力。校园文化的时代性和先进性是校园文化的基本特征。

二、校园文化的继承性与超越性

人类创造的一切文明成果、一个民族在漫长的历史长河中积淀的优良品德、师生共同秉持的价值观念和师生在学校文明体系内所形成的共同信仰等等，都被学校成员自觉地继承下来，在相当长的时间内，对人们的生活、学习和工作产生作用，支配着人们的日常行为，从而赋予校园文化在时空上的稳定性和延续性。这就是校园文化的继承性特点和作用。

校园文化的超越性特征首先表现在它的批判性，在人类素质不断提升和人的全面发展规律的影响下，人们一方面尊重和继承优秀文化，另一方面又对落后和腐朽的文化持批判和否定态度，以追求更先进、更合理的文化境界；然后表现在它的可创性，文化创造是产生文化价值的基本人类活动，没有文化创造就没有人类文化的产生和发展。批判性是校园文化特有的"精神性格"。批判是一种精神，批判的核心是价值观。一方面，学校作为一个培养人才的特殊的社会组织机构，必然要提倡和灌输符合统治阶级意志的文化内容和形式，排斥和批判有悖于其阶级意志的文化内容和形式；另一方面，校园文化在对那些与教育目的不十分吻合，影响校园文化主体健康发展的文化形式进行分析、比较、鉴别，而后在选择上要有明确的态度，有的甚至还要提出要求，正确适当地处理。学校正是这样在继承、批判和超越的哲学道路上永不止息地创造着欣欣向荣的时代文化。

三、校园文化的目的性和自觉性

任何文化都或多或少、或隐或显地具有某种教育性。校园文化与其他文化形态在教育性上的区别，主要表现为校园文化的教育性是有意识的，其具有明确的目的性。校园文化有其明确的教育性和导向性，但是，作为一种环境和氛围的教育力量，其德育功能主要是隐含在它所创设的良好的精神氛围和与之相适应的和谐的物质文明环境之中的。苏霍姆林斯基曾把校园文化环境的教育作用形象地比喻为"使学校的墙壁也说话"，这是指校园文化追求真、善、美的人生理想和情操，这种追求体现在它所特有的精神环境和文化氛围中，对青年学生的人格塑造及正确人生观、价值观、道德观的形成起着潜移默化的作用，其效果比起正面教育来甚至更为有效。文化环境不露痕迹的教育是其隐蔽性特点的表现，它不仅能促进置身于其中的学生形成高尚的思想品质和正确的价值观念，而且能使外来者和后来者在这一特定的文化环境中得到同化。许多人在饱经沧桑之后，最为珍贵的回忆仍是学生时代的校园生活，这也从一个方面反映了校园文化的凝聚力和向心力。

文化并非都是在自觉状态下形成的，如"小市民文化"，就是在人类长期的生活中形成的，没有人有意识地去培养它，也没有人有意识地去总结它，但经过人们长期的非自觉的经验沉淀，形成了相对稳定的内涵和体系。校园文化则不同，它是在主体高度自觉的努力下形成的，是全体师生员工强烈的自我意识构成的精神文化体系。即便是校园文化的正式操作和运行，也大多靠师生员工的自觉努力，一般不依赖法律、法规等的强制作用。

文化的自觉来源于某一特定集体对该文化的认同。校园文化的一个特征就是在师生自觉下的集体认同。首先，法理原则和校园制度文化是师生共同认同的契约与规范，是超越个人权威和意志的普遍公理，每一个人的最基本活动都受集体的习惯、准则、法规和义务的约束，从而赋予公共生活以秩序与和谐。其次，校园生活是在精神文化的支配下展开的，校园文化作为人们行为的潜在指南和宪章，支配着学校成员的活动。师生只有立足于对校园文化的基本认同，才能获得尊重与信任，实现自我。最后，在集体生活环境下，人与人之间需要亲情、同情、友情和爱心等基本情感的关怀，在此基础上，人们的思想通过健康、进步的文化熏陶和作用，逐渐升华到对生命价值的深刻思考、对国家命运的深切关注和对人类世界的终极关怀，从而产生共同的意志、信念、目标和追求，并基于这种认同而产生自觉意识和共同的行动。

校园文化的这一特性包含两层意思。首先，校园文化是大多数人的文化，是被绝大多数学校人所认同、所共享的，即普遍自觉的。普遍自觉的东西才是文化，也就是说，只有绝大多数的校园人信奉、认同的才是校园文化。如果只被少数人或个别人所认同和自觉的，那就不是校园文化。当前，学校生活中普遍存在一种现象，以为提出了一些理念和口号，制定了一些制度和方案，就完成了校园文化建设的任务了。最典型的是校训、校风的境遇，许多学校的校训、校风挂在了墙上，写进了文件，但全体师生并不关心，也不了解，只是学校领导开会作报告时的例行用语，成为领导向客人介绍情况时撑门面的点缀，这就不是校园文化。因此，钉在墙上、写进文件、只挂在校长和少数学校领导嘴边的不一定就是校园文化，只有当这些东西成为全体学校人的普遍观念，并融入他们的思想和行为时，才是校园文化。其次，自觉意味着积极的行动。校园文化的核心是学校的价值观，这种价值观只有成为全体人员的行动准则才是校园文化。因此，学校的价值理念不能只停留在倡导层面，应该自觉地付诸实践，内化为全体人员的思想和行为，细化到学校工作的每一个环节。

第三节 校园文化的功能

校园文化功能可以区分为两个方面，对校内称内部功能，对校外称社会功能。内部功能是指校园文化在学校范围内产生的作用，社会功能是指校园文化对社会产生直接或间接的影响。在谈及文化功能时，法国大哲学家卢梭说："除了这三种法之外，还存在着第四种法，而且是最重要的一种法；它既没有铭刻在大理石上、也没有铭刻在铜表上，而是铭刻在公民们的内心里；它是国家的真正宪法；它每天都在获得新的力量；当其他法律过时或消亡时，它会使他们恢复活力或代替它们，'它会维持人民的法律意识，逐渐用习惯的力量取代权威的力量，我所说的，就是风俗、习惯，尤其是舆论；这是我们的政治家所不认识的部分，但其他所有部分的成功却均有赖于它。'这正是伟大的立法家在似乎局限于制定具体规章时内心所注意着的部分。具体的规章不过是拱顶上的拱梁，而缓慢诞生的风俗习惯才是拱顶上难以撼动的基石。"卢梭强调了文化的首要性和它的至高无上的地位。

归结起来，文化对人的意识作用有两种不同的形式。一是显意识作用。所谓显意识作用就是外部文化事物通过引起人的自觉意识活动而被人的意识所掌握，显意识的主要表现是学习。第二种形式是潜意识作用。这种意识没有自觉性，以潜移默化的形式不知不觉地对人的意识发生了作用。这两种意识的结果，首先形成诸种意识观念，随之而来的是意识活动的方法、模式和习惯，最后形成了人的智能；人在学校中生活，各种文化事物无不作用于人的意识，有时能唤起人的清晰意识观念，有时则没有被马上意识到。但经过较长一段时间后，人的意识开始出现受文化影响的结果。

一、校园文化的内部功能

（一）德育功能

校园文化是德育的重要渠道之一，其德育功能的发挥主要通过校园文化的凝聚功能、导向功能、行为的约束功能和情感的陶冶功能等四条路径来实现。

首先是集体的凝聚功能。文化本身就是一种极强的凝聚力量。一个国家、一个民族是这样，一所学校同样如此。一旦学校形成内在的和外在的行为规则，即具有共同的思想作风、价值观念和行为准则的校园文化，它就会成为一种黏合剂，其成员具有心理上和感情上的凝聚力量，形成一种向心力和归属感。此外，共同的理想追求,共同的心理意识和价值取向,共同的生活和工作习惯,共同的伦理意向和审美情趣,使学校群体产生了一种向心力和凝聚力,形成了坚强的集体。在这一集体中,每个个体都有一种认同感和归属感。

其次是目标的导向功能。把青少年培养成为有理想、有道德、有文化、有纪律、热爱党、热爱社会主义、热爱祖国、具有献身精神和创造精神的一代新人,是社会主义教育的根本目标。而校园教育文化的状态、性质又直接关系到这个目标的实现程度。校园精神文化是师生共同创造和享有的价值人生观、道德认识、道德情感、思维方式、行为方式以及校风传统、集体舆论等意识形态成果。因此,在开展校园文化活动中,始终要把握住这一原则,在这个原则指导下开展一系列活动。当前,在社会文化表现出方向上的模糊性与摆动性的时候,经过筛选和净化的以社会主义思想为主导的校园精神文化,能引导学生朝着社会所期望的方向发展,同化形形色色的个体文化,进而将其纳入自己的结构体系中去。进一步确定的办学方向和培养目标,为实现目标而建构的完善体系以及一切教育教学活动,都有明确的指向性,引导着师生朝着一个方向努力。特别是校园文化的核心部分,即精神文化部分,最集中地体现了校园文化的导向功能。共同的价值观和人生观,共同的道德认识和行为模式以及由此而形成的校风传统和集体舆论等意识形态,引导着青少年儿童朝着社会期望的方向发展。

再次是行为的约束功能。人,一般是受文化约束的,不存在完全摆脱文化约束的"超人"。因此,文化约束是一个普遍现象。校园文化体系中的价值观、道德观等规范着师生员工的行为,并制约着他们的活动。一所学校往往具有各种规章制度,以规范和约束其成员的行为,它们往往带有强制性质,这对学校的正常工作无疑起着十分重要的作用。校园文化则是一种无形的,不见诸文字的强大的心理制约力量,来形成一种行为准则,使得生活在其中的成员自觉地来约束自己。可见,校园文化有着各种规章制度所无法代替的作用。校园文化的约束功能是通过两种方式实现的:一种是显性的制度文化的直接约束,即学校各类组织的管理和各项规章制度的规范;另一种是隐形的校园文化氛围的间接约束,即通过校园风气和舆论而形成的潜在力量。校园文化的约束功能是学校实现科学化管理的前提,是促进良好校风形成和不断提高校园文化层次的保证。

最后是情感的陶冶功能。整洁优美的校容校貌,现代先进的设施设备,井井有条的校园秩序,品高业精的师表形象,求实进取的敬业精神,丰富多彩的课外活动,和谐融洽的人际交往,民主平等的师生关系等,无时不在感染着学生,使之产生积极的情感体验,激励他们更加热爱学校、热爱生活、热爱人生。校园文化的陶冶功能是在不知不觉中通过暗示的方式,在"润物细无声"中实现的。

(二) 美育功能

美育功能是校园文化最为重要的功用，只有以"审美"为基本标尺，才能更好地实现校园文化的育人作用。只有以美育人、以情动人，才能深入个体、愉悦个体，起到育人的作用。苏霍姆林斯基在《和青年校长的谈话》中指出："对周围世界的美感，能陶冶学生的情操，使他们变得高尚文雅，富有同情心，憎恶丑行。"近代教育家蔡元培先生在《对于教育方针之意见》中以人体为喻，提出了"五育"并重、融合发展的思想。他指出："譬人之身，军国民主义者，筋骨也，用以自卫；实利主义者，胃肠也，用以营养；公民道德者，呼吸机循环也，周贯全体；美育者，神经系也，所以传导；世界观者，心理作用也，附丽于神经系，而无迹象之可求。此即五者不可偏废之理也。""五育"之中，他认为美育"介乎现象世界与实体世界之间，而为津梁"。大力倡导美育，是蔡元培教育思想和实践的一个重要特点。

美育有两个突出的特点，第一是它的形象性、直观性。美的东西往往离不开外在的感性形象，美育的过程，就是使受教育者从感受、欣赏这种悦耳悦目的形象中陶冶性情，启迪思想，潜移默化地接受积极的教育。试想一下，优雅宜人的校园环境，轻歌曼舞的文艺表演，难道不让人在欣赏的过程中得到美的熏陶吗？在一间窗明几净、红毯铺地、装饰雍容的活动房间里，你还能有随地吐痰的习惯吗？在大家都在欣赏校园的菊展或者其他花展时，你还能随手折枝自我欣赏吗？这里的美给人的是一种昭示，一种启迪，一种震慑。让人既为美好的事物所陶冶，感到心灵的升华；又为美好的事物所震动，让任何丑行都无法出现，这实在是美育的一大功能。第二是美育的情感性。斯宾塞在《教育论》中指出："没有油画、雕塑、音乐、诗歌以及各种自然美的情感，人生的乐趣会失掉一半。"美的东西往往寓理于情，以情显理；动人以情，然后及理。优美的校园环境可以使人向往，从而启迪学生去创造美好生活的愿望。健康向上的文体活动可以使人得到美的享受，可以使学生体验到美的真谛，在心灵得到激励和净化的过程中培养出奋发向上的情操，激发和启迪想象力、创造力，从而培养为祖国献身的精神和勇于创造的勇气。

校园文化的美育功能渗透在校园文化建构的各个层面。不通过美而进行的教育是困难的，而校园文化的任何其他育人功能，如历史功能、休闲功能、政治思想教育功能、精神陶冶功能等也正是通过美育功能来实现、起作用。校园文化育人功能的最大特点在于它与课堂内的知识传授、教师的当面讲解不同。学生不是流水线上的产品，而是活生生的有血有肉的人；学生不是学习的机器，他们有追求美、享受美的权利，他们有着自己多重的人生兴趣与追求。而校园文化以其活泼的形式，以其赏心悦目的舒适感，以其浪漫的风格节奏，以其对于学生自身兴趣的感染与诱发，以其无压迫性的自然景致，满足了学生自身兴趣的需要，成为学生乐于接近的东西。校园文化的审美陶冶能使学生更好地在审美的体验中意识到个体的存在，意识到个体价值的实现与满足。

校园文化的美育功能，尊重学生的个体生命，顺应了时代的发展与要求。联合国教科文组织发表的权威性报告《学会生存》中认为："应该把培养人的自我生存能力，促进人的个性的全面和谐发展，作为当代教育的基本宗旨。"教育的过程是学生的生命必然介入的感知和体悟过程。他们必须在情感上接受、思想上理解、行动上追求的前提下，才能真正受到教育，有所进步。而校园文化正是以一种环境的塑造力给这些学子提供这样的一个感受经历的过程。教育总是内在的教育、内化的教育、生命的教育，关键是要能激发个体的主动性，达到个体的"自我完善"，也就是要内因真正起作用。校园文化的美育功能无疑在这一点上是最具有优势的。

德育一直是各类学校放在首位的工作，然而最好的道德教育也必须借助于审美的介入来完成。校园是道德教育的重要阵地，是充满人文智慧和人文关怀的文明圣地。文明的校园环境、求实的学风、严谨的校风，对人的荣辱观有潜移默化的教化功能。通过校园文化的建设，让一种积极的校园文化成为衡量善恶美丑、是非曲直的标准，并使其转化为学生对荣辱观念的判断标准，真正做到环境育人，这是值得我们进一步探索的问题。

二、校园文化的社会功能

第一，通过校园文化的扩散，优化社会文化大环境，促进社会文化发展。校园文化扩散，是指校园文化对周围社会产生的影响，它是文化传播的最基本特征之一。实现扩散的途径有两条：一是校园文化直接对社会施加影响；二是校园文化以其影响的学生为媒介，对社会产生作用。高等学校是人类社会文明的"硅谷"，是产生新思想、新科学、新技术的源地，它还要源源不断地向社会输送一批又一批新生产力代表者。因此，集中体现这种卓越性的校园文化将影响和带动它周围的社会文化，从而达到优化社会文化环境的目的。事实表明，凡是学校密集的区域，人们的文化素质普遍较高。同样，高校毕业生集中的企业单位，单位整体上的文化素养也较高。由此可见，通过校园文化向社会扩散，优化了社会文化环境，促进了社会文化的繁荣与进步。

第二，校园文化有助于造就有特色的人才。社会是由单个个体组成的整体，因此并不需要人人都成为全才。作为单个的人是有局限性的，但由于互补作用，由有限和不完善的单个人组成的集体却是完备的。因此，造就有特色的人才对于社会是极其重要的。每一所学校创建于不同的时代、不同的地区，有着不同的发展历史，并有着不同的奋斗目标，这些构成了影响学校的首要因素，使其具有不同于其他学校的校园文化。学校是"生产"人才的"工厂"，这些不同的校园文化，便造就了带有不同文化特征的人才。因为，在马列主义、毛泽东思想的观点看来，人包括自然属性和社会属性两个方面。遗传素质，是人的自然属性，它仅仅提供了人的发展的一种可能性，是人赖以发展的自然条件。但人的发展主要取决于环境和教育。有人对"人"下了这样一个定义：人＝动物＋文化。作为人，动物属性是相同的；不同的人的不同特点与才能，主要表现在其不同的文化属性上。校园文化的个性，保证了它影响的学生也具有个性，即校园文化有助于造就有特色的人才。

第三，校园文化对民族文化的筛选，有着重要的意义。学校是实施教育的场所，教育不仅是文化发展和继承、传递的重要手段，而且教育在实施的过程中，综合利用了文化的成果，并受着文化发展的制约和影响。教育的这种功能决定了它在整个民族文化的承前启后、继往开来过程中的作用。有人把学校比喻为人类社会的"文化子宫"，人类文化的成果在这里得到全面、准确的遗传。一个学生在短短的几年学习中，以浓缩的形式游历了人类文化史上几千年的漫长过程，人类文化的精华被装备到新一代身上。如果把学校比喻为"文化子宫"，那么校园文化就是这种"文化子宫"的内环境，它可以告诉学生要汲取哪些营养，要摒弃哪些糟粕。因此，作为整个现代民族文化的一个组成部分，校园文化对于民族文化的筛选，有着十分重要的意义。

第四，校园文化可以强化集团意识，增强凝聚力。一个国家、一个民族、一个企业、一个单位的集团意识和凝聚力是否强大，与其组织文化即亚文化是否发达有直接关系。例如20世纪60年代兴起的大庆油田，以"铁人"王进喜为代表的大庆石油工人的"三老四严"精神，震撼了全国，成为中国工业的一个典范。还有闻名遐迩的"鞍钢宪法"，不仅在国内，在国外也得到首肯，曾被日本企业全盘吸收运用，消化为日本的企业文化。由此可见，强化集团意识，增强凝聚力，最重要的是要把组织文化建设好。校园文化就是一种组织文化，它对于强化集团意识和增强凝聚力具有启蒙功能，因为它作用和影响的对象是青年人。另外，校园文化作为诸如企业文化的一个基础，其作用也是不可低估的。事实证明，一个从小就具有"向心"意识的人，随着年龄的增长，这种意识会逐渐固化成人的一种禀性。因此，要强化我们中国人的集团意识，增强凝聚力，首先要从青少年入手，把校园文化建设作为突破口。

第五，校园文化有助于唤起竞争意识。"物竞天择，适者生存"，学校要从青少年抓起，唤起他们的竞争意识，注意给他们参与竞争的机会，创造竞争的气氛。校园文化可以部分地起到这种作用。首先，前面已经谈到，校园文化有助于强化集团意识，而集团意识本身就具有明显的排他性，必然会启发他们的竞争意识。其次，校园文化贵在它的个性与众不同。不同个性的个体在要达到相同的目的——出人才、出成果的过程中，必然要通过各种形式展开竞争，以显示自身个性的卓越。这样，就使学校中的成员不知不觉地献身于这场无声的竞争之中，为每个人都创造了参与竞争的机会。

第二章 国外校园文化建设与启示

第一节 发达国家高校校园文化的界定

校园文化是建立在"文化"基础之上的;而对于"文化"的内涵,自古以来,对于它的理解是相当丰富的,难以确定一个统一的定义。1952年,美国学者A.克罗伯和C.克拉克洪在《文化,关于概念和定义的检讨》一书中说,光是从1871年到1951年的80年间,就出现了164种关于文化的定义。英国人类学家爱德华·泰勒曾将文化这样定义:"文化,或文明,就其广泛的民族学意义来说,是包括全部的知识、信仰、艺术、道德、法律、风俗以及作为社会成员的人所掌握和接受的任何其他的才能和习惯的复合体。"而在《美国遗产词典》中又把文化定义为:"社会延续下来的行为规范、艺术、信仰、惯例以及所有人类劳动成果、社会或居民的思维特征的总和。"

由于学者们对"文化"这一概念认识和理解的多样性,促使了学术界重新思考了对高校校园文化定义的思路,摒弃了以往其他学者对高校校园文化进行定义的研究思路,结束了从"文化"的基点出发的研究方法,转而从实用主义的角度出发来开展研究,试图在一定实用框架内来解释"校园文化",从而也就避免了"文化"本身多样性的干扰而出现的对校园文化定义多样性的局面。学者们统一了对校园文化的理解,他们认为校园文化是:"学校的历史、使命、物质环境、标准、传统、价值观、办学实践、信仰、假说等诸多因素综合起来的,且相互影响而形成的指导高校学生个体或团体行为以及为认识理解校园内外一些事件、行为提供参考框架的一种模式"。美国的一些学生事务研究专家认为,这样一种定义对于高校校园文化的理解是实事求是的,是反映高校校园文化实际的,对有效地进行学生事务的管理起到了积极的作用。这种积极作用主要体现在这个定义的三个突出优点：其一，该定义通过强调诸如学校的使命、教育目标、物质环境、办学实践、庆祝典礼和有意义的行为等各类学校所应包含的多种要素的作用，承认不同学校之间的差异性和多变性；其二，该定义显示，尽管一所高校可能形成统一的制度，但也可以兼容并蓄地容纳不同团体和不同的亚文化形态的存在。第三，这一定义还揭示了学校历史和传统、在外部环境下出现的变化以及学校的特性对校园文化及其亚文化能够产生影响，即不同校园文化和团体亚文化与校园内外环境的相互作用和相互影响过程。

校园文化的这种界定，在发达国家的高校校园文化理论中具有一定的代表性和权威性。然而，任何一种文化的孕育和诞生都必须同时具备文化创造主体、对象以及一定文化得以创造的必要手段和环境这三个必要的基本条件。但仔细考究高校校园文化的这个界定，我们会发现，在这个定义中虽然对校园文化的对象和创造的必要手段和环境表述比较详尽，然而缺少对文化主体的说明，这不是偶然的。事实上，在美国高校校园文化的理论研究中，也确实存在着创造主体不明确的问题，无法判定校园文化到底是出自哪个群体。比如在现在的美国大学校园中存在着两种非常不同的文化，即教师和学者学会的群体文化、行政人员和管理人员的小团体文化，而且这两种文化并不和谐，甚至互相为敌。那么，如此看来这种对高校校园文化概念的界定又是不合理的，既无法判断创造主体，又无法调和两者的矛盾。可见体现的是否只是某一群体、一定范围的统一呢？这是一个不可回避的问题，也是一个值得进一步探究的问题。

第二节　发达国家校园文化的结构要素

校园文化的结构是一个具有主动性、创造性和改造能力的鲜活机体，发达国家的学者较普遍地认为，校园文化是由四种要素构成的，即哲学意念、价值观、有形文化和行为方式。这四个要素相互影响、相互制约，共同构成校园文化有机整体。

一、哲学意念

哲学意念是人们用来认识自我、指导自己行为的一种信念，是一种一致认同却又未表达出来内含的、抽象的原理。人们根据这种信念来扮演自己的角色、确定自己与他人的关系以及规定自己所在的群体或组织的性质。从根本上来讲，哲学意念是价值观念、有形文化、行为方式的基础。美国著名学者谢恩在其《组织文化与领导能力》一书中指出：哲学意念的宗旨在不同的文化群体中各不相同，在数量上并不多见，并且具有高度的概括性。哲学意念包括人的本质、人与自然的关系、人与人关系的本质、现实与真理的本质和人类活动的本质五个方面：

第一，人的本质。主要体现在高校对至诚至善至美的追求，以及引导学生怎样看待人性当中善与恶，例如新奥尔良州的埃克萨维亚大学通过开设全面的课程，制定完备的政策，以实践其"任何人可以学到任何东西"的承诺。

第二，人与自然关系的本质。主要体现在学校引导学生爱护自然，校领导以及管理人员如何处理好本学校的建设发展与自然生态环境的关系，例如，长青藤大学就在学校里呼吁学生要有环境保护意识，担起环境保护的责任，达到学校与生态环境之间和谐、融洽相处的目的。

第三，人与人关系的本质。主要是指人们采用何种方式处理好相互之间的关系。简要地说，就是在大学校园中，学生的群体生活是遵守传统的权威还是挑战新生的锐气？是遵守现行的法律还是墨守根深蒂固的神力？群体活动是合作型还是竞争型的？比如，理德学院就比较注重培养学生的独立性，增强学生的竞争意识，以及敢于承担责任的精神。斯坦福大学就是一个典型的合作型大学，不但要求师生之间、同学之间、团体之间都要通力合作，而且他们还保持着大学与工商业之间的合作关系，这使得这所大学具有了其最高学术水平与工商业结合起来的能力。同时，斯坦福大学的校训是"愿学术自由之风劲吹"，可见其是一个提倡自由的学校。

第四，现实与真理的本质。主要是指人在复杂的环境中如何判断什么是真理、什么是谬误，判定什么是真、什么是假等问题。这在很多大学的校训上可以窥见一斑。比如，耶鲁大学的校训是"真理与光明"；哈佛大学的校训即"以柏拉图为友，以亚里士多德为友，更要以真理为友"，昭示着该校以求是崇真为办学宗旨；加利福尼亚理工学院校训是"真理使人自由"等。

第五，人类活动的本质。人类活动的本质是指人们在活动中的态度问题，主要是指人类活动的适应性与自然环境、人的本能等之间的关系，也就是说人们在活动进行当中的表现是独立的还是依赖的、主动的还是被动的等人类活动的本能表现。格瑞奈尔学院对学生必修课程和选修课程的限制很宽松，必修课程只需修一门即可，选修课只依照学生自身的兴趣和爱好进行选修就行了，这能够很好地训练学生的独立判断能力。另外，大力培养学生对自己的学习活动、体育活动和社会活动行为负责能力的学校还有斯坦福大学和埃尔汉姆学院等。

二、价值观

价值观是指一个人对周围的客观事物（包括人、事、物）的意义、重要性的总评价和总看法，是社会成员用来评价行为、事物的基本准则，是人判断形势、抉择行动、选择目标等提供参考系数的观念体系的总和。每一社会都有一些共同认可的普遍的价值标准。价值观念一旦形成就具有相对稳定性，并长期地发挥着作用。一个群体价值观念的形成是这个群体的社会地位和物质生活条件所决定的，又受所处的自然环境和社会环境的影响。在学校中价值观表现为一个学校的历史使命和学校观念，一旦形成就会长期地影响着一个学校的发展。但是，价值观的形成和统一是一个相对比较困难的过程，在办学使命上，学校通常能充分考虑到校内和校外各个方面因素，但事实上，现实的办学使命与承诺的学校使命可能是一致的，也有可能是不一致的。

三、有形文化

有形文化是校园文化中实实在在的具有较强感染力的、能够切实感觉到的一种文化形式，主要包括物质文化、活动文化和言语文化。

第一，物质文化。主要是指人们创造的、具体的、能为人们的感官所直接触及，并给人一种有意义的情感熏陶和启迪的客观存在物。物质文化包括建筑室、内外空间布置、有形技术和艺术作品。比如，哈佛大学的庭院、弗吉尼亚大学校园内的绿色景观、圣母玛丽亚大学的柔金圆顶建筑、加利福尼亚大学伯克莱分校的Sproul大广场、埃尔汉姆学院的中心草坪等都是这些高校的典型标志，休斯敦大学为增加大学庄严和神秘感而进行的小土包、人工湖设计，体现出一种浓郁的文化氛围。所有的这些独特的物质文化，无不时刻地都在向校内和外界传递着一种强烈的信息，使这些学校与其他学校得以区别开来，鼓励人们要有独特的个性，更可以使师生员工产生一种特殊的优越感和自豪感。

第二，活动文化。所谓活动文化主要指的是校园内部各学生社团的活动、校园里的各类庆典、仪式等所体现出来的一种现时文化，它联系了学校的历史传统和当前状况，大大促进了校园文化传播。有人曾对"课外活动如何影响学生"进行研究，发现：即使学生把哪怕每周20个小时的精力花在学习之外的一两项活动，也不会对学习成绩产生影响。哈佛大学意识到课外活动不但没有背离教育使命，而且还支持着教育使命。前哈佛校长德里克·博克就曾指出，课外活动所起的作用是"教会学生如何有效地与他人合作，如何扮演好领导下属与服从领导的角色"。活动文化已作为一种独特的文化资源在被逐渐地开发，例如，在一些节日庆典活动中，通过对学校光辉历史的回顾、灿烂明天的展望，使全体师生员工感受到一种校园精神的存在，增强他们的自信心和使命感。好莱欧克山学院在学生晚上学习的过程中设置休息时间，并提供饮料、点心等，以体现学校对学生的关怀。普林斯顿大学中重要的社交活动就是13个饮食俱乐部，著名的俱乐部还有"常青藤"和"老虎旅馆"等。这一系列的活动和仪式激励和调动了学生们要求完善自我的积极性，表达了学校的价值判断和价值取向，增强了学生与学校价值观的趋同性。

第三，言语文化。从言语文化的层面上看，不同人群中的言语是不一样的。美国的黑人和白人所使用的虽然都是美语，但是言语文化却是不相同的。各个学校所使用、流传的逸闻趣事、言语、典故、传奇故事等诸多方面都存在着很大的不同，存在着鲜明的个性，在长期的发展演变下，他们的言语形成一定范围的统一，产生了各自的言语文化。尽管高校言语文化的言语及内容比较高雅，但是各高校在言语使用上的个性特征却是十分明显的。

四、行为方式

这是一种适用于相应环境下大家共同遵守的规则和标准。"就其本质而言，这是一种选择或使用某种行为的样式，这种样式可以解释、也可以决定各类学校中师生可以共同接受的行为。这种方式不是人为地在短期内制定出来的，而是在一定的历史发展过程中形成的，不同群体成员总是自觉或不自觉地在自己的行为上打上本群体的烙印，折射出不同群体的文化理念"。比如，在长青学院和格瑞奈尔学院里，人们的穿着随便，这反映了他们坚持人人自由平等的一种理念；迈阿密大学的大学生联谊会会员穿着"懒汉"鞋子、卡其布裤子、敞着领口的衬衫，表明他们对校园生活的热爱和对美国传统的向往。一些学校在学院会议上决定某件事时往往采用秘密投票的方式，埃尔汉姆学院的师生们习惯于在讨论会开始之初保持一段时间的沉默。在许多小一点的学院和多数男生联谊会里，讨论性问题是忌讳的。积极鼓励学生参加大量课外社会活动，组织各种学生社团，发展自己的特长和爱好，是西方发达国家大学的一贯风格。这些都是各校不同的行为方式的一个侧面，反映了一种特殊的校园文化。

第三节 发达国家校园文化建设的突出特点

在长期的发展过程中，发达国家高校校园文化在价值追求、人才观念等方面，表现出一些突出特点，形成了相对稳定的模式。这些突出特点虽然因各国的国情不同、各校的校况不同，而有所差异，但总体来说有着相对固定的突出特点。

一、渗透着学校的价值观和精神追求的校园物质文化

苏霍姆林斯基有一句名言，"我们在努力做到，使学校的墙壁也说话"。加拿大教授史蒂芬·利考克在《我见之牛津》中深有感触地说："对大学生真正有价值的东西，是他周围的生活环境。"良好的文化环境，会把不同的社会心理因素注入每个受教育者的心理结构中，使其积淀为深层的心理基础，对大学生起着"随风

潜入夜，润物细无声"的熏陶和影响，这种不自觉的心理积淀将有效地引导、规范、激励受教育者的行为。如默海德大学，在校园中心地带精心设计并建造了一座金碧辉煌的写着"正义、智慧、爱心、服务"8个大字的钟楼，展示了学校追求的道德价值观，是该校的一个标志性的建筑。如龟山社区学院的建筑设计是抽象地反映部落文化的雷鸟外形；在建筑物内，地板的图案为一个传统颜色的驱魔咒轮；外部的砖建筑物代表山，整个建筑的颜色和图案都是部落遗产的象征；正门前面是七个柱子组成的圆圈，每一个上面都刻着部落的教训：智慧、爱、尊敬、勇敢、诚实、谦逊和真理。从远处看，龟山社区学院正门后面的大天窗给人以龟背的印象，所有的设计因素，甚至栅栏，都反映出大学努力将部落文化整合到学生教育之中的强烈愿望。

二、丰富多彩的社团活动

发达国家高校的社团组织五花八门、十分活跃，社团活动内容相当丰富，沿袭并完善了社会上社团组织的运行方式，作为学生课外活动的有效载体，逐渐成为校园文化中一道独特和亮丽的风景。在日本高校中，学生社团十分活跃，在1995年仅名古屋大学就有近百个社团组织，参加社团活动的学生也在70%左右。美国高校更是十分推崇社团活动，几乎充斥了校园的所有空间，如在印第安纳大学，学生社团组织达400多个。为了能保证各个社团能顺利地运行，发达国家高校通过各种途径和形式，表示出对学生社团活动的理解和鼓励，这主要表现在：

（1）为学生社团活动提供组织管理方面的指导和财力支持。对于新成立的社团，学校会派管理人员，对社团活动给予帮助和指导。对于一些学术性社团，学校通过学术交流、举行讲座等形式增强其学术性。例如，麻省理工学院有一个由7个全职人员组成的指导办公室，为全校超过600个学生社团提供服务。另外，发达国家高校学生社团活动的大部分经费由学校拨给。例如，乔治敦大学为一些符合条件的学生社团组织提供活动经费，学校还允许学生社团在校内开设部分盈利性服务项目，将其盈利所得作为社团活动经费；同时，还会帮助社团与其性质相近或内容相关的政府部门、企业、私人组织等取得联系，以争取他们对社团活动的支持。

（2）为学生社团活动的开展提供地点场所上的便利条件和时间上的充分保证。乔治敦大学为学生社团活动提供教室、活动空间和其他帮助。针对社团活动相对集中的特点，许多高校都建设"学生活动中心"。其中，明尼苏达大学的明尼阿波丽斯校区的考夫曼学生活动中心是一栋六层高的大楼，里面包括办公室、餐饮、自习室、保龄球馆、电影院等等。每个社团经过正规的注册后，都可以向学校提出申请使用这里面的设施。甚至一些比较弱势、人数较少的社团，都有自己专门的办公室。在发达国家的高校,学校明文规定的某个特定时间为独立活动期,学生在这段时间内可从事自己喜爱的活动。例如尼苏达大学的卡尔森商学院规定,每年1月份为独立活动期,学院提供如小型课程班、专题研讨会、短期进修等多种活动供学生选择。

三、举行学校仪式和传递校园故事

学校中的仪式活动是学生生活实践的重要组成部分,是学校进行思想政治教育的重要途径,是学生学习生活的一个点缀或一个放松的插曲,是机构价值观的指导思想和自然的提醒物。西点军校十分重视对学员荣誉理念教育,通过每届新生开学典礼向学生传播学校的办学理念,严肃地向新生宣读荣誉守则:"西点学生决不说谎、欺骗和偷窃,也不容纳他人如此的行为",借此培养学生正直和诚实的品格,更让学生树立至高无上的荣誉观。加利福尼亚州立大学每年秋天的开学典礼,当介绍新成员的时候,让新成员在背景屏幕上签名,作为承诺支持校园价值观和文化的象征。故事是中西方传统道德教育的基本方式。法国著名哲学家保罗·利科曾说:"故事为我们提供了一种重新描述世界的模式。不管是传记性的或虚构的,故事给我们提供了生活的意义和归属。故事把我们与他人联系起来,与历史联系起来。故事提供了一种具有丰富的时间、空间、人物甚至对生活的建议的丰富多彩的画面。故事的结构给我们提供了想象、陈述和隐喻,让我们在道德上产生共鸣,促进我们对他人、世界和自己的认识"。每个民族在其古代都是以"讲故事"为主要的道德教育方式。现今,我们每个人都是听着或读着许许多多的故事长大的,并且通过这些故事形成了自己的人生观和价值观。发达国家许多大学通过传递校园故事对学生进行思想道德教育。安东尼娅修女是圣凯瑟琳大学的创立者,关于她的许多故事在圣凯瑟琳大学流传至今。一个故事是描述主教允许安东尼娅修女在校园建筑朴素的礼拜堂,但当主教在国外延期期间,安东尼娅修女却开始建筑更大更富丽的礼拜堂,今天的礼拜堂作为了反抗罗马天主教特权阶级的象征。另一个是关于安东尼娅修女反抗政府要建造一条通过学校中心道路的故事,安东尼娅修女通过在计划建道路的地方建了一座新的科学建筑物,阻断了道路,达到了反抗的目的。大家带着骄傲语气讲着这些关于安东尼娅修女公然反抗世俗权威、实现了大学更为远大计划的故事,在故事中,使人感觉到圣凯瑟琳大学的传统和文化底蕴。

四、注重学生个性的培养

学生的个性化教育是当代世界高等教育的发展趋势之一。学生的个性得到充分的表现和发展,有利于学生潜能的充分发挥和自我完善,更有利于学生素质和能力的提高。发达国家校园文化对学生个性发展的重视主要体现在以下几个方面：第一，实践活动个性化。发达国家的高校为学生安排了大量个性化的实践活动，学生对于各项校园文化活动都相当投入，完全按自己的喜好或设计方案行事，而且花样繁多，活动呈现出一派自由、自主的氛围。在活动中学生获得技能，体验快乐，求得个性发展，总是乘兴而来、尽兴而归。在课堂上，他们随时举手发言，畅所欲言，尽情展示自我，甚至反驳教师的观点。美国作为一个移民国家，文化具有很强的包容性。学生可以发型奇特甚至蓄满胡须，可以衣饰怪异，可以不随波逐流，不从众，可以谈吐夸张，努力做自己。第二，为学生尽量提供自主、宽松的学习环境。在美国，学校给了学生更大的学习自由空间，使学生能自主安排学习生活，以及自由选择学习方式，如实行学分制和弹性学制。教师的教学和学生的学习都是一种个性化的互动活动。在这个互动活动过程中，教师个性化的教学影响学生的个性化发展，教师根据自己的个性特征、知识经验，去探寻自己的教学风格；而学生通过获得适合个人的独特的学习能力、学习方式和知识经验，个性得到发展。许多发达国家高校为了实现人才培养的个性化，十分注意个性化课程体系的设计，不难看出他们为学生的个性发展铺开了道路。例如，课程开设具有多样性，注意同一课程的多样化，同一难度的课程由不同风格的教师讲授，同一门课程为学生开出不同难度的若干课程，同一领域的课程开设不同方向的课程供学生选择，美国哈佛大学就是如此。另外，强调课程体系的特色化，各高校可以根据学校传统、本地区的特点与需要、教师专长来确定适合自身发展的课程体系。第三，开设了大量的选修课。美国的许多名校为满足学生日益增长的广泛兴趣和要求，大多压缩了必修课程的分量，在必修课中也引入选课的形式，给学生以充分的选课自由，扩大了选修课的范围。

第四节 发达国家校园文化建设的启示

纵观发达国家高校校园文化的界定、结构要素和特点，我们可以看出，发达国家的高等教育有着相对完善的管理模式，校园文化有着其自身独特的优势。对发达国家高校校园文化的探讨引起了我们许多的思考：不同的国家具有不同的国情和体制，我们应该在挖掘自身潜力、继承和发扬中华民族优秀的历史文化传统的同时，大胆、合理地吸收发达国家高校校园文化发展的经验，发展和完善我国高校的校园文化，促进当代大学生成长成才。笔者认为发达国家高校校园文化建设给中国高校校园文化建设带来的启示主要有以下三个方面：

一、营造优美、富有感染力、现代化的校园物质文化

校园物质文化建设是校园文化建设和培养人才的物质基础,是校园精神文化的有形载体,是校园文化建设的重要组成部分,是学校进行思想政治教育的重要阵地。

(1) 建造优美的校园环境。校园环境的优美是人性化发展的必然结果,是大学生个性发展的重要渠道,校园环境的建设水平直接关系到人才培养的质量。另外,优美的校园环境具有强大的美学熏陶和同化力,就像"润物细无声"的春风化雨,它潜移默化地影响着人们的心灵,丰富着学生的审美能力和情趣,陶冶着学生的良好道德情操,使大学生的个性得到不断地丰富和完善。为实现高等教育目标,建造者必须大力营造校园环境。其一,重视地理位置的选择。生活在无比优美的校园环境中,师生能得到美的享受,所以选择校园校址至关重要,它是校园环境诸多因素中的重要因素。一所大学校址应选在交通方便、信息畅通、环境适宜的地方,可以更好地再现一所学校的文化氛围。近现代一些大学多是在文化繁荣、经济发达、环境优美的大中城市,如美国哈佛大学、麻省理工学院等。其二,校园建筑要科学规划。校园内部的规划要统一安排,长远设想,要遵循学校自身的规律,更要有自身的风格和品位。在规划上,教学与生活的地方要相对集中并保持适当的距离,不能互相干扰。教学与实验需要安静的环境,生活要方便就要考虑商店、食堂、浴室、开水房等,给师生带来便利。校园绿化能增加建筑造型的比例、和谐、对称、均衡的外观美,这种美能给校园人以亲切感并带来思想和感情上的充实。

(2) 设置富有感染力、有自身风格的校园景观。校园内设置的各种景点对提高大学生的修养、陶冶情操、净化心灵有着重要的直接影响,让学生在瞻仰的同时,深受其熏陶,净化心灵,提升思想道德素养。高校应通过山水景观、建筑景观和雕塑景观的和谐布局,构成富有精神内涵的幽雅校园环境。校园的一草一木都应隐含着、记载着大学的办学精神,显示出大学的灵性。比如建设具有象征性的雕塑,在哈佛大学内,耸立着约翰·哈佛的坐像,像上镌刻着三行字:"约翰·哈佛","建校者"和"一六三八年"。它形象地展示了奋进、自信、博大的哈佛精神。弗吉尼亚大学校园的绿色景观、加利福尼亚大学伯克莱分校的大广场、埃尔汉姆学院的中心草坪、墨海德大学的红砖钟楼等都是各自的典型标志,它们的存在使这些学校与其他学校区别开来,并使师生产生优越感和自豪感。设置寓意、寓教的校园景观,具有纪念、象征、标志等意义,既为校园人充实美化、改善工作环境,又提供了生活条件。作为高等学校,应该重视建造校园文化景观,发挥校园景点、雕塑在校园物质文化中的潜在作用和影响作用。如首都师范大学的红

烛园和育园，学生为教师"燃烧自我、照亮别人"的育人精神所打动；瞻仰北京印刷学院的毕昇塑像，师生不禁要赞叹中华民族的智慧；走近中央音乐学院的聂耳塑像，耳边似乎响起雄壮的国歌声……这就是校园景观的潜在作用。

二、开展丰富多彩的校园文化活动

开展丰富多彩的校园文化活动，既是校园人日常行为的重要内容，还是校园文化建设的突出表现形式和重要载体，更是一种能让人在轻松、愉快的气氛中增长知识、陶冶情操、颐养身心、提高修养的活动。它是进行思想政治教育的"隐性课堂"，是课堂教学活动的补充和延伸。因此，发达国家对学生社团发展的重视是校园文化建设的亮点，是值得学习与借鉴的。校园文化活动是一个复杂的系统。在开展校园文化活动时，要讲究一定的策略，一般而言，要做到以下几点：

（1）校园文化活动实现从自发开展活动到自觉开展活动的转变。我们需要把校园文化活动的组织管理列入学校工作的议事日程，不断增进校园文化活动组织管理，制订发展的总体规划。在我国，校园文化活动在很长一段时间里，没有引起学校领导、管理人员的注意，缺乏有效的组织管理和物质基础的保证，处于一种自发状态之中，校园师生也往往仅凭一时之兴或行政组织的命令去组织、参加一些校园文化活动，其效果的不理想是不言而喻的。我们应该增强校园师生员工对校园文化活动作用的认识，加强校园文化活动组织管理的骨干队伍建设，积极引导校园文化活动由自发走向自觉。

（2）校园文化活动应当朝着多样化、多元化方向发展。在高校校园中，形成一个以课堂教学为主，第二课堂为辅，学校教育和社会实践相结合，日常社团活动与大型文体活动相互补充的多方面、多渠道的活动结构方式，使校园文化活动中的娱乐活动、社会实践活动、经济文化活动互为补充、相互交叉。高校为校园人提供更多的参与、组织校园文化活动的机会，创建一个有利于校园文化活动开展的良好氛围，进一步提高校园师生对校园文化活动的认识和实践水平，这也是校园文化活动顺利开展和它本身向着多样化、多元化方向发展的基本条件。

（3）校园文化活动应该实现教师指导作用和学生主动作用的完美结合。由于教师有较为丰富的参加和组织活动的经验，对于活动的方向性等重大问题的把握能力较学生更高、更强。在一些专业性较强的社团活动中，通过教师指点迷津，解决知识性与娱乐性相结合的问题，避免活动内容、形式的重复，提升活动的品位，增强社团活动的吸引力。校园文化活动缺少教师的指导，学生自己很难把握大局，很难充分发挥活动的功效。但是，教师的指导作用虽然重要，也不能缺少学生的主动作用。在校园文化活动中，青年学生毫无疑问应当充当主角，这就需要发挥他们的聪明才智，调动他们的积极性，使他们的才华得到最大限度地施展，校园文化活动才具有更大的吸引力和更顽强的生命力。只有实现教师指导作用与学生主动作用的完美结合，校园文化活动才具有更大的发展前景，才能释放更大的能量；学生的知识、技能、心理等才能在活动氛围中得到提高，学生在校园文化活动中自身才能得到更好的发展。

三、塑造校园文化"英雄人物"代表，使校园文化人格化

由于一所学校所处的国度、地区不同，所拥有的环境、制度文化以及学科的设置也有所不同，所以，校园文化既有着任何一个校园文化所具有的共性，又有着与其他校园文化相区别的个性，这就会导致不同学校的校园文化精神的核心价值取向也各不相同。那些曾经和现在活跃在校园内的杰出的"英雄人物"或精英代表便是不同高校校园文化特征的典型代表之一，展示他们的人格魅力能够令一所大学的校园文化特色更加鲜明，使高校校园文化精神变得更加具体化、形象化和人格化。例如，美国一些著名的大学，为了提升学校的形象与地位，在校内的重要场所都放置本校历任校长、著名学者、本校毕业的著名历史人物以及获奖运动员的照片和文字介绍的橱窗或宣传栏。学校的这些举措不但能够强烈地表达出一种对英雄、专家学者和权威人物的尊敬和崇拜，而且更重要的是传递出一股强大的精神力量，激励着全体师生员工努力地建设好自己的学校，热爱自己的学校。

所以，在我国的高校校园文化建设当中，我们应该从不同的侧面和角度展现我们高校校园文化的个性和特色，重点突出不同学校校园文化的历史传统建设和学科特点建设；借助校园里的"英雄人物"和精英代表的人格魅力和传奇事迹，把校园文化的精粹形象传达给学校里的每一个人；走重视特色化的发展道路，将自己学校的校园精神、办学理念、育人原则以及人文精神通过适当的载体表现出来，并使其更具魅力、活力和感召力。

校园文化的作用是通过潜移默化实现的，虽不明显，但它在高校中所起的作用是有目共睹的。大学校园文化不可能代替所有的教育，但大学的根本任务脱离了大学校园文化也是难以出色完成的。虽然当前我国校园文化建设仍需在实践中探索，还有不少问题没有得到解决，但我们相信，大学校园文化正逐步由发展期步入成熟期。在此过程中，我们应有效学习并借鉴发达国家高校校园文化发展的经验，对发达国家高校校园文化进行认真细致地甄别，对值得借鉴的方面进行合理改造和创新，使其更符合我国的国情和实际。当代青年大学生的道德品质在很大程度上取决于本人的自觉养成和环境的熏陶，而校园文化是学校长期积淀、创造的文化底蕴，是培养大学生良好品德的有效载体。我们系统地研究美国大学的校园文化，目的是完善我国的大学德育理论，促进我国大学德育工作实践的发展。

第三章 校园文化建设的内容

第一节 校园精神文化建设

一、校园精神文化的含义

校园文化是一种亚文化,它分为物质文化、精神文化、制度文化和行为文化等几个方面。其中,校园精神文化是校园文化的核心内容,居于校园文化的最高层次,是物质文化、行为文化和制度文化等的综合体现。校园精神文化也是一种观念文化,它是学校自建校开始就形成的被师生员工一致认同的文化观念、价值观念、道德观念等,这一系列的观念体现着整个学校的个性和精神。先进的校园精神文化既可为广大师生员工提供良好的工作学习和生活环境,又蕴含着大量的育人功能,它是推动全校师生员工战胜困难、开拓创新的强大精神力量,对师生员工的思想觉悟、道德修养、工作和学习干劲的提高乃至个性的形成和发展,都能起到积极的影响。因而,在全面建设和谐社会的今天,正确理解校园精神文化的内涵,深入研究如何有效进行校园文化建设,意义非同一般。

(一) 校园精神文化的内涵

目前,学术界关于校园精神文化内涵的观点主要有:

——校园精神文化是自办校开始即形成的一种历史传统,它反映着全校师生员工共同的心理状态、价值取向及精神风貌,它包括办学理念、价值观念、文化传统、学术风范、学风教风等等。

——校园精神文化是指潜在于学校内部的价值体系或教育观念、精神氛围等,属于意识形态范畴。它是全校师生员工共同的理想追求、精神境界和价值目标,主要包括价值观念、人际关系、校风教风、办学理念以及学校校训、校歌、校徽、校纪、道德规范等。

——校园精神文化是一种内隐文化,是学校在长期的文化演化中,对各种优秀文化的选择、抽象和积淀,最终成为全校师生精神力量的源泉。它主要包括一所学校的文化传统、人文精神和科学精神等。

——校园精神文化是一所学校所体现出的精神信念、文化传统、学术风范和行为准则的价值观念体系和群体意识。

从以上观点可以看出,关于校园精神文化内涵的解释有几个共同之处:

(1) 校园精神文化是随学校而生的一种文化传统,是一种内隐文化,主要指精神层面的文化形态。

(2) 校园精神文化是全校师生员工一致认同并共同遵循的价值体系。

(3) 校园精神文化通过学校师生员工的行为习惯表现出来,反映全校师生员工的整体素质,体现全校师生的精神风貌。

本书认为:校园精神文化是指学校在创建和发展过程中形成的、体现学校特色、被师生员工一致认同的文化传统、价值观念、道德规范和行为习惯的总和。校园精神文化,是校园的精神存在和精神价值,是校园显性文化和隐性文化的有机结合。校园精神文化是校园文化的核心和灵魂,主要包括学校的文化传统、价值观念、行为方式等,是一个学校本质、个性、精神面貌的集中反映,是校园文化的最高层次。校园精神文化可看做是一个观念体系,它包含人文、科学、理性三大精神。校园精神文化的内涵可以从以下几方面理解:

首先,校园精神文化是学校一种内在的文化传统。

历史传统是指一所高校在长期办学过程中逐步形成的体现一定的价值取向、目标认同和思维向往的一种高校校园精神,它是校园物质文化、校园制度文化等在长期的创造过程中积淀、整合、提炼出来的,是校园文化的核心内容。它是在多种文化变化的过程中,通过批判取舍之后而形成的,经过提炼和升华,形成具有核心意义的校园精神。校园精神文化集中体现了学校的生命活力,是学校独特的财富和资源,反映了学校历史传统、办学特色和精神风貌等。这种隐性的文化传统,包括教育理念、校园精神、发展目标等,体现学校的办学宗旨、培养目标及其独特的风格。校园精神文化的形成、传播与发展,能够激发师生的创业精神,引导学生增加求知的主动性,促进学生职业能力和职业素养的形成。

其次,它是学校始终信奉并着力培育的科学价值观念。

科学的价值观念,包括思想意识、理论观念以及师生关系、校风等。校园精神文化主要通过群体意识和校风反映出来。

校园精神文化也是学校师生员工在长期的教与学、工作与生活等多种实践中逐步形成和发展起来的,并为师生员工所认同的一种群体意识。这种群体意识反映出学校师生员工的价值取向,是其人生观和世界观的综合体现。校园精神文化虽然看不见、摸不着,但它一旦形成就建立起自己的价值取向和行为准则。它可以通过各种精神文化载体影响群体的思想和行为,使学校师生员工在潜移默化中接受共同的思想引导、情感熏陶、意志磨炼和人格塑造,产生一种巨大的向心力和凝聚力,同时对学校师生员工的思想和行为有着约束和制约的作用。

概括地说,校风就是学校的风气,它包括教风、学风和工作人员的工作作风等。校风是学校师生员工共同具有的一种集体风尚,是一种教育环境。它是学校全体成员在长期的教育实践中形成的相对稳定的精神状态和作风。优良的校风是一面旗帜,激励着教师为人师表、辛勤育人,也鞭策着学生勤奋学习、积极向上。教风是学校教师通过对教学实践经验的积累而形成的教学风格,它的表现形式一般都是严谨治教、敬业爱生。优良的学风也像校风、教风一样,对教育教学质量的提高,对学生人格品质的发展都有着重要的意义。总之,教风、学风和工作作风集中代表了一所学校精神文化建设的程度,必须给予充分的重视。

最后,校园精神文化是一种理性行为方式。校园精神文化是学校师生员工在从事各种校园文化活动时体现出来的理性思维方式和自觉的行为习惯。理性的行为方式包括第二课堂活动、师生员工的思维模式和工作方法、师表作用和行为方式、人际关系等。

(二) 校园精神文化的特征

1. 继承性

校园精神文化是学校在长期发展的历史积淀过程中形成的,其中包括许多中华民族的优秀传统文化和教育理念;校园精神文化的发展离不开对前人智慧的传承和对名校发展历史的依托。文化的固有特征是继承性,没有传递和继承就没有文化的存在。没有文化,学校就失去了存在的韵味和价值。学校的发展都是通过继承前人创造的优秀精神文化成果而进行的。

2. 时代性

时代性是对校园精神文化的形成和发展而言的。任何文化都是时代的产物,反映时代的要求;校园精神文化也不例外。校园精神文化在其形成和发展过程中,无不受到一定时代政治、经济的制约和影响,被打上时代的印记,具有时代性。校园精神文化的时代特征,决定了它必须紧跟时代的步伐,与时俱进。这也是校园精神文化的根本生长点。

3. 渗透性

校园精神文化富有渗透性,充盈于整个校园并体现学校的精神风范,具有启迪、感染学生的作用。置身其中，受教育者无需更多的说教，便会自然地感悟到校园精神对自己心灵的净化和情感的熏陶。特别是校园内的人文景观更是一种无形的精神感召，比如一些默默矗立的教育家、革命家塑像，以其特有的内在潜力激发着师生们奋发前行，有的甚至成了学校办学的精神支柱。

（三）校园精神文化的功能

校园精神文化是在长期的校园文化创造过程中积淀、整合、凝练而成的，具有文化传承、价值导向、道德培育等重要功能，影响着学校的办学方向、人才培养、目标定位。

1. 文化传承功能

校园精神文化是长期积淀优秀传统形成的，其本身就有一个传承的问题。在不同的时期，校园精神文化具有不同的特点和特色，正是历史传统和深厚底蕴所形成的校园文化的独特个性品格，不断影响着一代又一代师生。

（1）传统文化的继承和发展。

传统文化是指我国几千年来历史文化的积聚。社会发展过程中，一定的经济形态、政治思想、行为方式等会在当时的社会环境中积累和沉淀下来。传统文化包括一些具体的文献著作、文物古迹等物化形态的文化，也含有更多的中华民族的共同思维和理想，在人们精神领域起到一定的不可忽视的作用。特别是以儒、道、佛三大体系为主的中华民族大文化，颂扬谦恭、慎独、人和、宽容、天人合一和真善美等优秀的思想，至今仍有指导意义。学校要培养具有科学精神和人文精神相统一的现代化人才，就必须努力建设具有自身特色的校园精神文化。校园精神文化建设则通过传授传统文化知识的方式进行文化传承，将中国优秀的传统文化以潜移默化的形式渗透到学生的内在品格中，提升广大学生的文化层次、精神境界、精神生活品味和道德情操。

（2）校史文化的传承。

校园精神文化也是一种校园历史文化。无论建校时间长短，每一所学校都有自己的发展历史，都会有自己的特点。英国学者哈罗德·珀金曾这样评价学校历史文化："如果不理解过去不同时代和地点存在不同大学的概念，就不能真正理解大学，因为过去的希望、抱负和价值观与现代大学概念紧紧结合在一起"。学校历史文化是多年来所有师生员工凝聚形成、具有自身特色的校园精神，是学校独特的办学理念和教育方式的源泉，对学生的成长起着品质熏陶和精神感化作用。校园精神文化的功能也体现在对校史文化的传承方面。任何一所学校进行精神文化建设都会借鉴和传承该校历史，利用校园历史文化这一重要教育资源，对师生们进行无形的感染，使师生产生强烈的凝聚力和向心力，为学校共同的目标而奋斗。

2. 价值导向功能

校园精神文化是学生学习生活的外在氛围，它隐含着科学的价值观念和崇高的理想，这必然会激起学生对崇高生活目标与人生理想的追求，进而塑造高校学生积极进取、开拓创新的精神面貌，引导师生形成健康的积极向上的生活方式。校园精神文化能够通过对师生员工的价值观念、行为规范、生活方式、人格构建等方面的引导，发挥积极的导向功能。这种导向功能是潜移默化的，对校园精神的传承、发扬和对高校学生价值观的选择起着举足轻重的作用。

校园精神文化以培养德、智、体全面发展的社会主义建设事业所需要的合格人才为轴心，按此要求培养的人才，不仅要掌握现代科学技术文化知识和具有健康体魄，更应是具有先进的思想意识、价值观念、法制意识和道德情操的社会主义新人。校园精神的价值导向功能，就是根据学校的教育方针和教育任务的要求，激发学生内在的学习动机，坚持集体主义的价值取向，弘扬爱国主义的高尚品德，培养爱校如家的深厚情感，自觉维护学校的稳定。这一价值导向不仅对学生个人德智体美等方面的健康成长和全面素质的提高起到重要作用，还要引导青年学生把个人理想抱负与实现我国现代化的大业密切联系起来。这种导向作用不是靠行政命令，而更多的是靠校园精神对学生的心理塑造来进行的，它为个体行为提供参考，使广大师生员工身在其境而自然而然地受到熏陶和感染，在潜移默化中接受校园的共同的价值观。

3. 道德培育功能

对于学生来说，校园里知识教育之外的道德教育更为重要。校园精神文化具有多种功能，其中道德培育功能（简称德育功能）是多种功能的综合作用的结果。校园精神文化的德育功能不同于一般的课堂教学，它是把社会的价值观、道德原则隐含在自己的文化结构和文化氛围之中，通过耳濡目染、启迪、熏陶而潜移默化地内化成学生的思想、行为、道德品质。它从一种人文关怀的视角去体现以人为本，是一种无意识教育，即不被受教育者察觉的教育方式。这种教育方式是教育者按照预定的教育内容和方案，在受教育者周围营造一定的文化氛围，引导受教育者去感受和体会，使受教育者在满足兴趣、爱好的同时，得到思想的净化和启迪，潜移默化地受到教育，从而外化为师生一种理性的行为方式。校园精神文化的德育功能还体现在通过创设一种健康的文化氛围，用一种潜移默化的方式去影响、陶冶学校环境中的文化主体，在不知不觉中使生活于其中的文化主体接受教育、受到熏陶，并将一些外在的规范及要求内化于心，达到教育的真正目的。良好的校园精神文化就具有这种"润物细无声"的道德培育功能。校园精神文化的道德培育功能适应了新时期道德教育和个体身心发展的需要，亦是社会主义市场经济条件下公民高尚品德和良好行为习惯养成的一个有效途径。

二、校园精神文化建设的途径与方法

(一) 校园精神文化建设存在的问题

1. 注重校园物质文化建设，忽视校园精神文化建设

物质文化是校园文化的物质载体，是校园文化的外在标志。而精神文化是校园文化的核心内涵，是校园文化中的精神文化因素。随着学校办学水平、办学力量的不断提高和增强，不少学校在物质文化建设上舍得花钱，搞建筑、买设备、修道路、建广场、栽花植树，对这些外在的、可见度高的项目普遍比较重视，但对隐性的、潜在的精神文化建设积极性不高。大部分学校重视在校园物质文化设计、建设上的投入，为校园精神文化的发展奠定了良好的物质基础。但是，由于对校园文化中精神因素的作用认识不够全面，使得物质文化建设缺乏明晰的目标。校园物质文化建设的目的应该是把物质文化建设作为承担精神文化的载体，作为一种为校园精神文化建设服务的手段。

2. 市场经济和多元文化对校园精神文化的冲击

市场经济是一把双刃剑，一方面能促进经济的发展，有利于人们的思想解放和观念更新；另一方面，它容易冲击人们的科学价值观，诱发人们的拜金主义、个人主义等思想，对人类精神文化生活产生消极影响。学校作为社会的细胞，不可避免地受到市场经济负效应的强烈冲击。现实的利害计较取代理想的追求、庸俗文化淹没高雅文化、金钱的威力远在道德之上、日益扩大的贫富差距影响着社会公平……这些从市场经济带来的弊端，冲击着校园精神文化，容易导致校园精神的失落，对校园精神文化建设有一定的负面影响。

3. 校园精神文化建设无明显特色

从校园精神文化特色角度看，许多学校校园精神文化建设没有显示出自己学校的特色，相当一部分学校在推进精神文化建设方面，不注重体现自身的特点、历史渊源和发展趋势，校园精神文化内容和形式趋于雷同；特别是校训、校风、校歌、校徽等校园精神文化作品缺乏明显的学校特色。

(二) 校园精神文化建设的途径

所谓校园精神文化建设，就是要求校园的精神文化紧跟先进文化的发展方向，着眼于社会需求，发挥学校的优势和特长，挖掘本校的潜力，创建有自身特色的学校。校园精神文化建设要具有本土意识，立足自身特色，既要把握未来发展方向又要重视历史文化精华。要营建具有时代精神又独具特色的校园精神文化，应从以下几方面做起。

1. 重视传统文化是校园精神文化建设的基础

（1）重视传统文化。

以儒家文明为代表的中国传统文化，在校园精神文化建设中一定不能缺位。对中国传统文化的学习，能达到陶冶情操、升华精神境界、活跃思维、提高创新能力的效果，也势必促进学生对人、对事、对社会、对自然的深入思考，使他们乐于奉献，勇于探索，增强爱国情感，加深责任意识。比如在新生入学时，对他们进行校情和校史教育，把本校优良的文化传统讲解并传授给他们；亦可运用校史陈列室、校友会、校庆日、校史纪念日等形式，弘扬学校文化传统，振奋大学生精神。在实施学校文化传统教育的同时，还要巧妙地把中华民族文化的优良传统融进去。

（2）重视校训。

校训通常是由来已久的，是校园历史的一部分。校训作为学校精神的象征，永远是校园内不可缺少的风景线，而且也是衡量一所学校好坏的重要标志。校训虽只有寥寥几字，却是一所学校教育目的、教学风格、处世哲学的高度概括，是学校办学传统与育人目标的集中体现，对于校风的形成和人才的培养有着不可低估的长期作用。所以校园精神文化建设中，对于校训的重视必不可少。

2. 培育科学价值观是校园精神文化建设的关键

校园精神文化作为学校精神核心的体现，在培养人的过程中发挥重要作用。学生正处于人生观、世界观、价值观的形成阶段，他们的心智尚未成熟，辨别能力不高；加上网络的发展使学生成长的过程中伴随着诸多诱惑，对学生的思想观念、价值取向等产生了很多负面影响。因此，充分发挥校园精神文化建设的育人功能，培育学生科学的价值观，对于提高其理论修养与辨别能力，帮助他们树立正确的世界观、人生观、价值观，正确对待外面世界的诱惑，具有重要作用。

（1）坚持党的领导和以马克思主义为指导。

校园精神文化体现校园文化的实质，是校园师生员工的行为准则和精神依托。进行校园精神文化建设，坚持党的领导是校园精神文化向社会主义方向迈进的重要保证，是校园文化坚持社会主义性质的精神支柱。此外，校园精神文化建设要以马克思主义为指导思想，只有把握住马克思主义理论本质，才能为学生科学价值观的形成打好坚实有力的思想理论基础，使学生在未来的学习和生活中保持正确的人生走向。

（2）加强对学生科学价值观的引导，促使其价值体系的形成。

价值观是人们对于各种客体满足主体需要的有用性、积极意义所进行的评价、根本看法。科学的价值观念是校园精神文化的重要组成部分，学生在校期间正处于懵懂时期，是他们人生价值观形成的关键时期，但由于内外诸多因素的影响，尤其是青年学生的人生经验少、思想不成熟以及市场经济带来的冲击，容易导致学生价值观念的扭曲和思想的混乱。为此，加强对学生价值观的引导，促使其价值体系的形成，不仅是学校教育的一项重要内容，也是建设校园精神文化的基本要求。

事实证明，价值观的引导能够有效帮助学生在价值取向上从模糊到清晰，从摇摆到稳定，在多元文化中做出正确的判断和选择。对学生加以正确的价值观引导，将有利于形成良好的群体意识，有利于形成正确的价值观念。也只有在建立学生个人正确价值观的基础上，才能形成健康、科学的价值体系，实现校园精神文化的深层次建设。

（3）开展校风建设。

校风是全校师生员工共同努力、在长期教育管理中逐步形成的相对稳定的精神状态和作风，是道德情操、学习风尚、工作态度的综合反映。校风主要包括教风、学风和工作作风。优良的校风激励着教师为人师表、教书育人，也鞭策学生勤奋学习、积极向上。教风是教师在长期教育实践活动中形成的教育教学的特点、作用和风格，是教师教育理念、道德品质、文化知识水平、技能等素质的综合表现。学风是指学生集体在学习过程中表现出来的治学态度和方法，是学生长期学习过程中形成的学习习惯、生活习惯、卫生习惯、行为习惯等方面的表现。工作作风指的是学校管理人员的工作态度和工作方式。管理人员的语言、态度、行为、工作方式等直接对他人产生积极或消极的影响，这就要求学校管理人员要加强学习，不断提高自身修养，为人师表，率先垂范，努力创造出一种平等、和谐、信任、融洽的精神气氛。这样学校才能创造出一种积极进取的良好氛围，为校园精神文化建设提供必要条件。

3.重视道德品质的提升

受多元文化的影响，多元价值标准存在于校园内学习、生活的各个领域，价值选择和价值比较机会大大增多。不同文化的价值冲突导致道德标准的"混乱"，混乱的道德标准必然淡化道德意识，弱化善待他人的道德情怀，滋长一些恶习，降低道德的约束能力。可以说，现在校园内道德危机问题日益凸显。学校育人，德育为先，德乃做人处世之本。针对这种校园道德危机现象，进行校园精神文化建设，提升学生道德品质刻不容缓。

（1）开展第二课堂文化活动。

学校对学生的培养教育主要通过两种课堂同时进行，第一课堂是教学活动，第二课堂是在教学计划之外组织学生开展的各种有意义的品德教育活动。校园第二课堂活动是校园精神建设的主要内容，也是校园精神文化建设的重要载体。学校要积极组织学生开展多姿多彩、健康向上的第二课堂文化活动，让内涵丰富、品位高尚的高雅文化走进师生生活，占领校园文化阵地，引导学生在活动中实现自我教育，提升思想品格。学校要经常组织开展内容丰富、吸引力强的多层次的文化活动，把德育、智育、体育、美育等渗透到文化活动之中，使学生身临其境，发展其兴趣爱好，最终使学生在活动中思想感情得到熏陶、精神生活得到充实、道德境界得到升华。第二课堂文化活动的实践作为一种特殊教育渠道，能够达到第一课堂教学所无法代替的教育效果。丰富多彩的第二课堂文化活动，可以形成良好的精神环境氛围，有利于学生启迪智慧、陶冶情操、拓展视野和丰富知识。

（2）重视隐性课程的作用。

隐性课程主要蕴涵于校园环境及师生的思想行为之中。除了第二课堂活动外，隐性课程还包括诸如师生员工的思维模式和工作方法、师表作用和行为方式、人际关系等。隐性课程主要传播的是非学术性的知识，它通过正确思想的输入、理性行为的倡导、学生间良好人际关系的维护以及师生关系的优化等，有效促成稳定的校园精神文化氛围的形成，对显性课程的教育有着积极的补充和延伸作用；同时，也为学校师生弘扬、创新校园精神文化提供了极大的可能。可以说，高度重视隐性课程的作用是建设校园精神文化的关键环节。

（三）校园精神文化建设的主要措施

1. 与当前环境相结合

随着信息化的发展，网络充斥着我们生活的每个角落。在铺天盖地、瞬息万变的网络信息背景下，进行校园精神文化建设一定要与当前环境充分结合起来，尤其要以敏锐的眼光认真研究、总结和把握网络文化的客观规律，充分利用网络这一载体，传播文明思想，抵御不良影响，占领校园网络文化阵地。主题鲜明的思想政治教育网站、综合性校园精神文化和思想政治教育体系的前沿阵地等可以扩大覆盖面，增强影响力，有效提高校园精神文化和思想政治教育的针对性、实效性和主动性。

2. 以重大事件为宣传契机

校园精神文化建设的一项重要内容就是向学校师生进行价值观的导入。一些重大事件、比赛、活动为加强校园精神文化观念的渗透和培育提供了难得契机，例如：汶川地震的抗震救灾、北京奥运会志愿服务、上海世博会的召开、国庆60周年庆典等这些社会影响力较大的活动，整个活动过程都有强大的外界宣传阵势，有被广泛激发起来的群众参与热情，更有积极的舆论价值导向，这些事件为学校渗透核心文化创造了难得的"气场"和氛围。又如学校运动会等具有强烈集体荣誉感的活动，学校更要高度重视，以加强学校全体师生高尚道德情操的培育。

3. 重视校园精神文化载体建设

校园精神文化建设是校园文化建设的核心，是物质文化建设的出发点。进行校园精神文化建设，尤其要重视精神文化载体的建设，载体建设的主要内容包括：板报、标语、录像、书刊、报纸、广播、校训、校史、校刊、文明规范、好学风尚等等。比如对于新生入校进行校史教育，便是利用校园精神文化载体建设，使每位学生尽量树立尊师爱校的好风尚。学校还可通过各种新闻渠道，及时宣传党的方针政策，使学生能及时了解时势，把握学习、就业方向等；定期组织师生升国旗、唱国歌等，也是利用校园精神文化载体建设，激发大家的爱国热情。学校还应经常组织学生开展有益的文体活动，增强学生身心健康，提高学习质量。通过校园精神文化载体建设，可充分调动师生的积极性，形成师生好学上进、团结友爱的好校风。

第二节 校园制度文化建设

一、校园制度文化的含义

校园制度文化研究是文化研究中的一个重要领域，也是当前正在兴起的制度研究中的一个重点方向。因为制度文化可以从一个全新的视角，为文化研究、制度研究、社会研究、政治学研究等提供新的方法和思路。要准确把握制度文化的含义，首先需要正确认识文化、制度与制度文化三者的关系。

（一）制度文化的定义

1. 文化与制度文化

文化作为一个复杂整体系统，包括了物质文化、制度文化、精神文化三个子系统。换言之，文化结构是由物质文化、制度文化、精神文化组成的。制度文化是文化有机整体或者是复杂整体的一个部分。从某种意义上可以说，没有文化价值的制度是不存在的，没有制度形式的文化也是不存在的。制度文化作为文化整体的一个组成部分，既是精神文化的产物，又是物质文化的工具。制度文化作为精神文化的产物和物质文化的工具，一方面构成了人类行为的习惯和规范；另一方面也制约或主导了精神文化与物质文化的变迁。制度文化的变迁，经常会引发文化三个子系统的整体互动式的变迁。因此，文化的变迁也可以看成是一种制度文化的变迁。缺少了制度文化的变迁和发展，就不存在文化的变迁和发展。同理，文化的变迁与发展必须首先依托制度文化，从制度文化的变迁和发展着手，将所有文化变迁和发展中的具体问题一起串结起来分析与解决。

基于上面的分析，我们可以更深刻地理解"制度文化"的内涵：

第一，制度文化是文化的一个组成部分、一个子系统、一个层面。

第二,制度文化与精神文化、物质文化的有机结合,形成文化的复杂整体。

第三,制度文化作为文化的一个组成部分,既是精神文化的产物,又是物质文化的工具。

第四,制度文化作为精神文化的产物和物质文化的工具,构成了人类行为与活动的习惯、规则。

第五,制度文化作为人类行为和活动的习惯、规则,也主导或制约了精神文化与物质文化。

第六,制度文化作为主导或制约了精神文化与物质文化的文化层面,提供了观察和理解人类行为和活动的钥匙或模式。

2. 制度与制度文化

在理解制度文化时,不但要将制度文化与文化相区别,而且还要将制度文化与制度相区分。这不仅是因为制度文化与文化和制度有关,而且还因为制度文化并不能简单地等同于文化和制度。

制度文化研究作为既是文化研究的一个方面,又是制度研究的一个方面,是不可能脱离现有的制度研究另起炉灶的。不过,制度文化与制度存在区别,其不同之处主要有:

第一,制度文化主要用文化学的方法对制度加以分析和解释。因此,制度文化将制度本身当做文化现象来对待。制度文化把制度与文化看成是一个统一的整体。

第二,制度文化更加偏重于强调制度的文化层面与规则层面的内在一致性,即强调制度的价值观念、道德伦理、思想意识与习惯、规范、规则的内在一致性。也就是说,制度与制度文化虽然非常相似,但是制度文化作为文化的制度层面,比制度带有更浓厚的文化色彩,与文化的联系也更紧密。

第三,制度文化研究与制度研究相比,始终关注文化系统中制度文化与精神文化之间的相容性、协调性和互补性。文化本质上是人化。制度文化的起源、产生、形成、演进及其功能,必须有赖于精神文化。如果制度文化缺少精神文化的协调与互补,就会趋于僵硬、趋于保守,或者变得效率低下。

第四,制度文化将制度的分析纳入文化研究的范围,并且将制度作为文化分析的真正单元。也就是说,制度文化与制度的不同之处在于,制度文化并不是单独的制度分析,而是从文化整合的目的与手段着眼,将制度看成是文化为充分适应环境而逐渐发展出的体系。

经过上述分析,我们对于"制度文化"内涵的理解又进一步深化:

第一,制度文化是三个层面构成的:一是传统、习惯、经验与知识积累形成的制度文化的基本层面;二是由理性设计和建构的制度文化的高级层面;三是包括机构、组织、设备等的实施机制层面。其中，制度文化的基本层面是一个自生自发的规范层面，反映着价值观念、道德伦理、风俗习惯等文化因素。制度文化的高级层面则是一个人类有意的、有目的的理性设计和建构的制度层面，反映着一个社区、一个社会、一个国家经法律制度确认的政治、经济、社会、文化等正式制度层面。制度文化的基本层面与高级层面是相互统一与协调一致的，是实现制度文化功能的关键。

第二，制度文化是文化的规则层面和秩序系统。文化作为一个复杂整体，其意义系统必然会体现为一定的规则和稳定的秩序。也就是说，制度文化的这一特征表示，文化不只是人的心理精神活动，而是人类全部活动的整体。所以，人类心理精神活动势必会寻求一个适宜的环境，用以保证和维系精神文化生存。而这个环境，就是指个人之间或群体之间反复博弈的自然选择的秩序，或者是指设计或建构的规则。据此，制度文化突出了与人类心理精神活动的相容性、协调性和互补性。有效的制度文化一般都是两者和谐的产物，而无效的或过渡的制度文化，往往充满着两者之间的矛盾、冲突、缺陷和困惑。

第三，制度文化是文化的集中体现。制度文化作为文化的集中体现，反映和维系着文化的物质层面、精神层面构成的整体。从这个意义上说，制度文化作为文化的集中，在文化的三个层面或三个系统中发挥着决定性的作用。制度文化的这一特征表示，文化的演进虽然是文化三个层面或三个系统的协调互动，但文化整体的协调互动必须依赖一个良性有效的秩序，这唯有通过制度文化才能达到。

（二）校园制度文化的内涵

关于校园制度文化的内涵，目前较为代表性的观点主要有：第一，"行为准则说"。这种观点认为，校园制度文化是指学校各种规章制度，是全校师生共同认可并自觉遵守的行为准则。学校制度文化是指学校的规章制度，是党和政府的有关方针政策、法规条例，以及道德观念、行为规范、是非标准等，在学校日常工作、学习和生活中的具体体现，是学校全体师生员工共同认可并自觉遵守的行为准则。第二，"组织机构＋制度说"。这种观点认为，校园制度文化是指渗透于学校的各种组织机构与规章制度。"学校制度"有狭义和广义之分。狭义的"学校制度"，指的是各级各类学校的体系方面的规则，简称"学制"。广义的"学校制度"，指的是为了指导和约束学校的行为和与学校有关的组织、机构、人员等的行为而制定的教育法律、政策、规章等成文的规则体系。学校制度文化是指学校的组织形式（结构）和存在于学校中的现实的正式、非正式制度（规范）的总和，它反映了学校中人与人之间的关系。第三，"社会关系＋规范说"。这种观点认为，校园制度文化是指校园人在交往过程中形成的社会关系以及用于调控这些关系的规范体系。校园制度文化包括国家的法律法规，学校的各种规章制度，教学、科研、管理、生产和生活模式，群体道德规范和行为规范，等等。

第四，"价值观念和行为方式说"。这种观点认为，校园制度文化是指在学校教育教学工作中具体体现出来的价值观念和行为方式，它是通过对党和政府的有关方针、政策或学校规章制度的执行而反映出来。第五，"隐性课程说"。这种观点认为，校园制度文化是学校在教育管理过程中制定、贯彻、执行各种典礼、仪式及规章制度下逐渐形成的一种精神文化活动。所谓学校制度文化是指社会期待学校具有文化，包括信念、价值观、态度及行为方式等。它体现着社会对学校在文化方面的要求，并通常以国家或政府机关所颁布的与学校及其成员直接有关的法律、章程、守则和规定等体现出来。学校制度文化隐含着教育及社会生活的价值取向，对学生思想道德品质形成有重要影响，因而是隐性德育课程的一个重要组成部分。

本书认为，校园制度文化指的是一定历史时期，在交往互动中，校园人普遍认可并自觉遵守、维护的行为准则和规范体系。它是一种以全体师生共同认可的行为方式为载体，承载一所学校全体成员的共同价值观，反映一所学校的个性、特色的文化现象。它包括以下几个方面的涵义：

第一，它是一种历史存在物，随着时代的变化而不断地丰富和发展。第二，它是校园人在教育活动中自觉认可、遵守、维护的行为准则和规范体系，是维系校园人际关系的纽带。第三，它以全体师生共同认可的交往方式为载体，通过校园人的交往互动，把一所学校从他校中区别开来。第四，它承载校园人共同的价值观，对校园人具有普遍的约束力。第五，它根植于一定的地域文化，并时刻与地域文化互动。因此，在少数民族地区，校园制度文化就带有少数民族文化深深的烙印。

简言之，校园制度文化实质是一种调整校园人与人之间的关系，反映特定地域、特定学校全体成员共同价值观的文化形态，属于意识范畴。

（三）校园制度文化的特征与功能

1. 校园制度文化的特征

（1）共性与个性统一。

高等教育的任务是全面贯彻党的教育方针，培养社会主义事业的建设者和接班人。为了加强对学校的领导和管理，保证学校完成党和人民赋予的光荣任务，党和国家制定了大量的教育方针、政策、法律、法规。这是校园制度文化的核心内容和灵魂，它规定了校园制度文化的特质和共性。由于各高等学校在办学规模、专业设置、培养人才的层次上各不相同，学校间的实际情况差异较大，因此，作为校园制度文化的基础——学校制度也各具特色，表现出校园制度文化的鲜明个性。尽管如此，校园制度文化的质的规定性决定了学校制度必须服从于党和国家的大政方针，校园制度文化必须服务于培养跨世纪人才这一共同目标。培养人才的共性和体现学校自身特点的个性，在市场经济条件下的社会主义大学中是统一的。因此，校园制度文化的本质也是统一的。

（2）强制性与自觉性统一。

校园制度是一种规范，具有很强的约束力和一定的强制性。一切校园人都毫无例外地必须遵循这些规范。这种强制性的要求过程是一个统一行动的过程，是强制性向自觉性过渡的一种渐进。校园制度文化本身就是外在制度向个体内化的一种动态过程。校园制度文化的强制性并非终极目标，校园制度文化的自觉性才是我们追求的文化结果。强制性仅是达到高度自觉性的一种手段，没有强制性很难实现我们所希望的自觉性，校园制度文化的辩证统一过程即是它产生文化效应的过程。

（3）稳定性和变动性统一。

校园制度文化是随着学校制度的颁布、贯彻、执行，即开始形成的一个相对稳定的校园文化现象。师生的制度心理、制度意识、制度观念在一定的时空条件下保持着相对的稳定。由此而形成的制度文化传统成为学校的无形财富，并影响一代又一代师生的精神风貌。在对校园制度的反复宣传、反复训练中所培养的习惯和制度意识，成为建设校园制度文化的良好心理环境。然而，校园制度文化的相对稳定性并不是绝对不变的，制度文化是社会文化环境的产物，校园制度文化受制于社会物质经济基础的影响。当教育的外部条件发生了新的变化时，校园制度就会被及时修订。校园制度文化也随之在继承优秀的基础上补充新的内容。

2. 校园制度文化的功能

高校校园制度文化实际是一种对人的设计，其功能主要有：

第一，政治功能。在阶级社会里，各种制度都具有鲜明的阶级性。它们总是体现着占统治地位的统治阶级的意志，并为统治阶级的利益服务。社会主义的大学是培养社会主义事业的接班人，因此，学校的各种制度都是广大人民群众意志的体现，是为社会主义事业和人民的根本利益服务的。党和国家总是通过方针、政策、法律、法规，把具有坚定正确的政治方向作为校园制度文化的核心内容来要求师生（特别是大学生）的。校园制度文化的政治导向功能，表现在通过制度的制定、实施、贯彻、执行，来保证社会主义大学的政治方向，即坚持以马列主义为指导思想，引导、要求师生坚持四项基本原则和改革开放，把坚定正确的政治方向放在首位，培养和形成正确的世界观、人生观。

第二，教育功能。培养合格的新世纪的建设人才，是现阶段学校的根本任务。要完成这一光荣历史使命，除了学校各级组织、全体教师和干部努力工作、尽职尽责外，还必须依靠强有力的制度保证。做好思想政治工作是我们党的优良传统，也是保证人才质量的主要途径；而健全完善的校园制度、良好的制度意识和制度文化氛围是思想政治工作的又一有效的途径。通过严格管理，提高广大学生遵章守纪的自觉性，增强他们的法纪观念。在坚持思想教育的同时，强化制度管理，从严治校。通过校园制度文化建设，使教育与管理互相补充、相辅相成，从而达到思想政治教育的效果。

第三，引导功能。高校制定各种制度的目的，不单纯是去确认已经存在的事实，而主要是调整现在与将来学校与学生之间、师生之间、教师之间、学生之间的各种关系，其重点不是针对过去，而是着眼未来。高校校园制度的重大特征就是在确定师生员工行为模式的同时，规定某种行为后果，告诉人们哪些行为可以做、哪些行为必须做、哪些行为禁止做，这种行为规则的本身就体现着一种引导。如《校园文明规范》就是通过对文明行为的倡导和不文明行为的禁止来引导学生。

第四，保障功能。校园文化的发展需要内部与外部条件，且离不开一些基本规则。如校园文化精神中的科学精神、自由精神、服务精神，这些精神的实现必须有校园制度来保障。这种保障具体表现为：一是利益保障，通过对利益的保障和非利益的制裁来实现；二是秩序保障，任何行为只有在一定的秩序中进行才能达到预期的效果，没有秩序，校园文化就不可能健康发展；三是平等保障，制度面前人人平等，师生员工平等地遵守制度，制度也平等地对待每个人、每件事；四是环境保障，校园环境最基本的是制度环境，制度环境首先涉及制度的完备与完善，当然还涉及制度的执行与监督，等等。

第五，制约功能。俗话说，不以规矩，无以成方圆。校园群体中的成员来自四面八方，构成极为复杂，思想、性格、情趣、道德水平也表现得千差万别。为了使校园个体的思想观念融合于校园集体之中，以保证校园教学、管理、生活的顺利进行，校园制度文化用简洁精练的语言对师生员工提出要求，发挥制约作用。

二、校园制度文化建设

（一）明确新时期高校校园制度文化建设的导向

高校校园制度文化建设，首先应符合时代要求。自从实行社会主义市场经济，高校校园就不再是"象牙塔"，市场经济所倡导的效益、平等、民主、竞争等新观念群的确立，对高校形成了一种冲击。网络的极大推广，开放、自由的网络空间给激情涌动的青年学生提供了一种全新的感受。此外还有西方的各种思潮也蜂拥而至。青年学生乐于接受新思想、新观念，个性张扬、自由开放，通过制度对他们进行适度的约束，使制度文化中蕴涵的精神体现在他们的思想和行为中，培养学生对制度文化的认同和信仰，是新时期校园文化建设的重中之重。高校校园制度文化建设还要与高校总体建设相适应。作为高校建设的一个重要组成部分，校园制度文化是一项综合性的工作，涉及学校各个部门，因此，必须把校园制度文化建设作为一项重要工作常抓不懈。不仅要与高校总体建设相适应，还要与未来社会的人才需求相适应，必须坚持教育的"三个面向"，坚持科学育人与制度育人相结合的现代化教育方向。

（二）突出高校校园制度文化建设中各主体的地位

在加强校园规章制度、校训、校风、学风、领导作风等制度文化的建设中，应以学生为主体，以教师为主导，要靠学校各级管理人员、教师、学生三者的有机结合，才能营造出良好校园制度文化的软环境。校长作为高校最高一级的管理人员，起着至关重要的作用，校长是大学的灵魂和神经中枢，是带动一所大学的前提条件。高校校长对学校的生存发展要有持续性战略思考，对学校的制度文化建设要有足够的重视。教师和学生是大学校园永恒的主人，虽然大学生在生理上已经成熟，独立性和自主性有所增强，但是他们的进一步发展仍离不开老师的引导。随着现代教育技术的发展，学生可以通过上网收集资料，获取信息，教师的权威地位受到解构的危机。教师要想保持鲜活创造精神和创造力，就必须强化终身学习意识，必须教会学生怎样从网络中去获取知识，怎样去思考，怎样去创新，唤起学生对新生活方式和更高境界的追求。他们重塑人的自尊、张扬人的个性、净化人的灵魂、满足人的情感，以教师的风范来带动和促进学生人格的完善、精神的提升和理性的回归。师生间互相熏陶，教学相长，他们构成高校的主体，并营造了一种和谐、光明、温暖、博大的氛围。由于他们的共同努力才形成高校校园制度文化，而校园制度文化也必须靠他们才得以发展。

（三）实施高校校园制度文化建设阶段性推进策略

高校校园制度文化是校园文化中介于表层的物质文化和深层的精神文化之间的一个层面，有着极其重要的"承上启下"作用，健全的规章制度是校园文化建设不断深入的保证。高校的规章制度可以把学校反对什么、限制什么、鼓励什么等价值取向，建立在具有某种普遍意义的规则上，能更好地指导师生的行动，使文化的影响深入到师生的心理层面并发挥作用，使校园精神得到深化。在校园制度文化建设中，必须采用阶段推进策略。第一阶段是认识阶段，通过学习《学生手册》，使每位学生了解高校的一些基本规章制度，激发学生的归属感和认同感，增强学生的是非观念；第二阶段是实践阶段，高校可以通过"横向到边、纵向到底"的全方位管理，通过人人参加的全员管理，通过日、周、月、学期循环有序的全程管理，强化实践和训练，使学生达到认识与实践的协调发展；第三阶段是内化阶段，要求高校的校园制度文化建设要持之以恒、一以贯之，并在提高师生的内在素质上下工夫，使优秀的制度文化通过长期积淀成为人的稳定的心理品质。阶段推进的策略既符合人的认识规律，也体现了校园文化建设的原则。

（四）坚持高校校园制度文化建设的可持续发展

校园制度文化建设应遵循可持续发展原则，既应具有现实性即满足当代人的需求，又应具有超前性即对后代人的发展不造成制约和危害。对高校而言，科学合理的制度安排是推动校园文化建设的决定因素，要建设科学合理的制度，必须注重对制度更新。一般而言，制度一旦形成就具有一定的稳定性，但这种稳定性是相对的。事实上，人类社会制度的变迁从来就未曾停止过，只是制度变化的速度和程度在不同的发展阶段表现出差异而已。随着中国社会的发展和改革的推进，社会主义市场经济体制日趋成熟。作为社会中的一个有机体，高校必将更加社会化，必将更加深入地融合、渗透社会的理念，把握时代脉搏，及时调整自己的规章制度，该废止的随时废止，该修改的及时修改，该创立的尽快创立。要与时俱进地对制度进行合理的安排，以适应社会的发展变化，确保高校制度文化建设的可持续发展。

（五）加强高校社团制度文化建设的指导

社团文化是高校非正式群体文化的典型代表，组织学生社团是高校校园制度文化构建的另一重要举措。学生社团分为理论类、实践类、文艺类、体育类等多种。在高校社团中学生们充分发展个性，激发兴趣、特长，陶冶情操，丰富知识，增长才干。大学生还必须加强社会实践，坚持学习书本知识与投身社会实践的统一，这是青年学生成长的必由之路。通过组织学生开展多种形式的社会实践，使学生理论与实践统一起来，针对实际问题进行深入思考、分析和解决，在现实社会中使学生逐步摆正个人与社会的关系，将个人的命运同祖国富强、人民富裕的前途联系起来，按照社会与时代的要求塑造自己，在实现社会理想的同时实现自我价值。社团活动的主体虽是学生，但学校及管理者对社团活动要加以引导和管理。一方面要鼓励和创造条件，开展健康的、积极向上的社团活动，使其成为开阔视野、增长才干、培养创造力、扩大信息疏通渠道、提高文化素质、增强团结协作精神、焕发青春热情的校园文化活动场所；另一方面要加强管理，教师要深入学生生活，担任学生社团的顾问，引导和帮助他们建设合理的制度，以利于校园社团活动更好发展。

（六）注重高校校园制度文化建设的合法性、权威性和实效性

加强制度建设，培育文明道德风尚是构建和谐社会的重要方面。道德和伦理是形成习惯与规则的基础，习惯和规则则是制度的核心内容。高校校园制度是校园内法治与德治的最佳结合点，它是校园内部针对师生员工具有约束、指导作用的内部规定，它应与法律法规相协调，而不应凌驾于法律之上。另外，校园制度文化建设应注意尊重学生的权利，体现对学生的人文关怀。当前，因高校校园制度的执行侵犯大学生权利的事件时有发生，在校学生状告高校的案例也常见诸报刊杂志，学生权利意识空前高涨，校园制度文化建设的合法性应放在首位予以考虑。作为高校，在当前形势下，应弱化对学生的人为管理，加强制度建设。在确保制度合法性的同时，还应使制度具有一定的权威性、实效性，使学生对制度认同，从而自觉地遵守制度的规定，一旦违反有关规定，即可预知其后果，从而达到一种警戒作用。

（七）高校校园制度文化建设应关注的两大问题

1. 准确把握制度文化的"三种特性"

首先，制度文化具有刚性的特征，它很少能顾及师生员工的多重需要，特别是在"人本"主义思潮中，高校校园制度对人及其行为的控制不仅仅是从价值观念上提出一种理性的韧性约束，而且是通过强化师生员工的责任感和使命感，进而使校园倡导的主流文化精神通过文字确立为一种内在的行为标准。它是校园内部的"法律"，它把一些道德纪律要求强化为一种"法律"，并使人在它的约束下形成一种行为"习惯"。其次，制度文化具有层次性，它是一个有层次的体系。它既包括学校的校训、校纪校规，还包括各职能部门的规定，院系、班级甚至是学生宿舍内部的各种约定，各种社团、协会内部的规则等。高校校园制度文化的第三个特征是对实践的指导性，高校校园制度文化一般须经过连贯不断、年复一年的组织活动与组织成员的日积月累才能形成，一旦形成，它就对实践具有指导性。因此，在高校校园制度文化建设中，要准确把握和充分利用制度文化的这些特性。

2. 科学合理地处理好"三个关系"

第一，高校校园制度文化与高校校园文化、校园物质文化、校园精神文化之间的关系。

校园制度文化是校园文化的基本元素之一。"文化各元素之间的关系类似于有机体中各部分的关系，文化整体对文化元素的关系就如同机体与器官的关系。"在一定社会意识形态和教育规律制约下的校园文化必然要以其内在制约机制，使校园制度文化沿着预期的轨道发展。校园物质文化是"外在文化"，校园精神文化是"内在文化"，校园制度文化是连结校园"外在文化"与"内在文化"的纽带，它

是物质文化与精神文化的载体，是高校师生员工实际占有的文化。校园制度文化与物质文化、精神文化是互相影响、互相促进的，健全的制度文化有助于凝聚人们的价值观念和行为准则，有助于校园文化的形成。制度文化又是无声的语言，潜移默化地影响着师生，它是一个学校精神风貌的体现，且与学校的治学理念有关，是校园文化的主渠道。特定的制度文化熏陶出特定的群体个性，特定的群体个性折射出特定的校园文化。

第二，高校校园制度文化与校园管理的关系。高校校园制度文化有许多内容，其中逐步建立和完善的民主管理制度占有很重要的位置，并越来越受到重视。管理与制度通常密不可分。"徒法不足以自行"，制度是静止的规范，不能自动对社会关系起调节作用。只有当人们将制度作为管理校园的工具，运用其管理校园全部事务时，制度才能由静态变为动态。所以校园制度与校园管理实际上是静态和动态两个层面上的东西而已，科学的管理是"缘法而治"，规范的制度是为管理提供参考标准的。

第三，高校校园制度文化与校园制度关系。校园制度是学校管理者根据教学目标，从学校实际出发，结合学生的特点，在建设各行政管理机构的同时，建立的一套规章制度，使师生有规可依，有矩可循。但是，并不是制定许多规章制度就等于形成了校园制度文化，只有当规章制度这种"外在文化""内化"为集体成员的"内在文化"时，才算真正发挥了校园制度文化的育人作用，也只有当"校园制度"本身转化为"素质文化"时，才能真正成为高校校园制度文化。

第三节　校园行为文化建设

文化是人类的文化，在某种意义上，文化就是人化。人的行为本身就是文化的外在显现，是个体与社会文化环境共同作用而形成的结合体。一定程度上，人就是社会文化关系的产物，是各种社会文化因素的承受者和体现者。人的社会化过程正是在各种社会文化因素的影响下，使人的各种生物需要不断地纳入到一定的社会文化规范的过程，进而使一个生物人变成社会文化人。校园行为文化是校园文化建设中一个非常重要的方面。行为文化是校园的"活文化"，是校园文化的晴雨表，是所有文化的总折射。它是师生员工在学校学习、工作和生活的各种行为中所表现出的精神状态、行为、规模和文化品位，它是学校精神、价值观和办学理念的动态反映。

物质文化、精神文化、制度文化和行为文化构成了校园文化的完整体系，四者各居其位，缺一不可；又相互交融，相互促进。可以说，校园物质文化是校园文化的硬件，是基础；校园精神文化建设是校园文化建设的核心内容，是校园文化的灵魂；校园制度文化作为校园文化的内在机制，是校园文化的支撑；校园行为文化是校园文化的具体践行者，是校园文化的表征。那么，行为文化到底是什么呢？校园行为文化又该如何来界定呢？

一、校园行为文化的含义

（一）行为文化

行为的基本释义是举止行动，指受思想支配而表现出来的外表活动。行为是人们本能地回应内部或外部的某种刺激的活动和自觉地为了某种需要而进行的有目的的活动，是人和环境相互作用的产物和表现。

行为文化不是一朝一夕生成的，而是主体行为的长期积淀。它的形成经由人类由蒙昧时代进入到文明时代的文化行为，它是人类长期、丰富、进步的文化行为积淀下来的社会心理、思维方式和风俗习惯等具有外显性文化形态的总和。这里言及的文化行为是相对于野蛮行为、粗俗行为而言的，它是指人们在主观意识支配下，理智地按照某种规范进行并取得成果的客观活动。文化行为是行为文化的基础，行为文化则是文化行为的升华。

行为文化可以具体表现为人们的生活方式、实际行为、态度、价值等，概括起来可由价值取向、行为方式和行为环境等三个要素构成①。行为方式是人们的所作所为的具体表现，而人们选择行为方式的标准就是价值取向，行为方式总是受到行为环境的约束和导向作用。价值取向是行为文化的核心，行为方式是行为文化的表现，行为环境则是行为文化生长的土壤②。社会环境能够通过对人们行为方式的导向和约束作用反作用于人们的价值取向，不同的社会环境培养不同的价值取向，行为环境因此决定了价值取向的形成。

（二）校园行为文化的内容

应该说，在人类社会这个生存体系中，每一种行为都有其自己的行为文化，都有其不同层面的文化形态。校园行为文化的定域是教育系统中的校园。校园行为文化是学校办学理念融化到师生员工思想和行为的过程和外化，是学校育人活动中最直接、最广泛也是最深刻的部分。

校园行为文化是近几年在中国出现的一种新归纳、新提法，但校园行为文化的形成已是十分久远。有学者认为校园行为文化是校园人（教职员工）在学校教育、教学、科研、学习、体育、娱乐及生活等活动中所表现出来的精神状态、行为操守和文化品位。这个定义将行为文化的具体内容勾画得很清晰。本书更倾向于认为，校园行为文化就是在教育系统中长期形成的并通过校园主体的活动而展示出来的文化形态的总和。这些展示出来的文化形态由两个层次构成：一是校主体行为本身，它包括教师和学生两个主体；二是主体行为背后所隐含的思维、观念、心理、约定、习俗。无论是思维、观念、心理，还是约定和习俗，都是深刻地体现着个体的文化品质和校园文化的烙印。

社会对一所学校的认识，不仅要听其言，而且要观其行。"其"就是指校园行为文化的主体。确切地讲，校园行为文化的主体主要有两类：教师和学生。教师行为文化主体是校园行为文化的引导者，学生行为文化主体是校园行为文化建设的集大成者。校园行为文化建设得好不好，关键要看教师和学生行为文化好不好。而承载行为主体的具体活动有工作作风与学风、学校传统活动、业余生活方式、人际交往活动等。

1. 工作作风与学风

学校内成员对待工作与学习的动机、态度是校园文化价值观层面的体现，决定了成员们将表现出何种类型的行为文化。行为文化的内在推动力是行为主体的价值认识和文化涵养。教师为学生升学而教，学生为升学而学，必将会产生诸如题海战术的策略与行为；老师若只为完成教学任务而教，学生只为考试及格而学，则教与学之风必定呈颓然之状。而教师致力于教学或是学术研究，学生渴求知识、追求发展，则会有另一番行为表现。此外，学校成员是开拓创新，还是循规守旧；是协同合作，还是恶性竞争……这些都会因校而异，表现出不同的校园行为文化形态。而作为校园文化"动态"的部分又是需要维护和可以塑造的。学校理念，只有被学校成员普遍认同，成为群体的价值观，才能内化为个体的思想而显现为群体的行为，才能逐渐形成为校园的行为文化。行为之于教育理念犹如语言之于思维，首要的还是要实现教育思想的转变和提高。

2. 学校实践活动

创设校园活动，以活动为载体，养成良好行为，促进良好行为文化的形成，并注重活动形式的标识性或活动仪式的规范性，用看得见的行为方式来强化一种看不见的教育目的，以增强对学生心灵体验的震撼作用，提升活动的教育效果。对一个人而言，优秀不是一种行为而应是一种习惯；对一所学校而言，优秀不是一时一事的展现，而是一种风气、一种精神，也就是一种文化。校园行为文化作为校园文化的一个方面，是一所学校历史文化积淀在现阶段的显露。学校在长期的发展过程中，必定会形成自己的传统，它体现在各种仪式与文体、实践活动上。比如校庆活动，校园节日，学工、学农、学军活动，社会实践活动，等等。这些传统活动具有极强的教育意义，是校园文化积淀的产物。此外，各种社团活动、兴趣小组、工会，以及大家的休闲娱乐方式等，都能一定程度地映射出校园文化。在校园行为文化建设中，要在传承优秀的基础上，与时俱进、发展创新。

3. 校园人际交往活动

尊重、信任、赏识、认可、支持、配合、亲密、体贴、宽容，或者怀疑、冲突、对立等，构成了人际关系的不同维度。不同学校会因文化的相异，而在各个维度上表现出不同的程度。总体而言，人际交往是最易更改的变量，易攻不易守，在学校文化建构中需要予以持久的关注。

（三）建设校园行为文化的重要意义

行为文化体现着学校的精神风貌，它以具体形式刻画出校园文化的核心价值观。与物质、精神和制度相比，人的行为是校园文化最为活跃的部分。加强行为文化建设对校园文化建设和学校德育工作都具有重要的意义。

第一，加强行为文化建设是加强校园文化建设的根本。校园文化建设的主体是师生，是人，这种主体的特点就决定着校园的文化建设状况主要通过人来体现。人的言行最直观地表达着他身上所特有的文化气息，间接地反映着这种文化气息所在的环境和价值取向。人的言行除了本身可以折射出文化底蕴，校园的精神文化也以其作为表现的依托。从这个角度讲，抓住了行为文化建设就抓住了校园文化建设的根本。

第二，加强行为文化建设是加强校园文化建设的重要途径。校园文化建设的终极目标是要形成个性鲜明、底蕴深厚的精神文化，它的形成必须以物质的、制度的、行为的文化为基础。行为文化建设是校园文化建设各个方面的联系纽带和桥梁。物质文化建设只有有了人的参与，有了师生的配合，才能更好地给静态的东西赋予深刻的内涵，才能从中不断挖掘出精神文化的因素；制度建设的本身更多的是针对人，离开了师生对制度的理解和执行，制度也只能还是一纸空文，无从形成有效的制度文化，更无从升华为校园精神文化的一部分；行为文化建设到位了，就能把物质文化、制度文化升华为校园的精神文化，学校的精神文化建设也就能水到渠成。

第三，加强行为文化建设，能有效促进学校德育工作的深化。校园行为文化是一种具有主导性、严肃性、生动性、科学性的文化，具有整合和导向的功能。它能通过各种活动，包括政治活动、文体活动、社会实践活动、扶贫济困活动、普法宣传活动等，帮助师生员工形成正确的价值取向、自觉的行为规范、严谨的治学精神、高雅的行为方式，起到以德育人、以教化人的积极作用。所以，我们必须抓好校园行为文化的建设，以使德育工作不断得到深化、更富成效。

第四，搞好行为文化建设，能有效促进教育教学质量的提高。行为文化建设与教育教学工作的关系，是相辅相成、相互包含、相互促进的，并在某些方面还存有直接统一的关系。认真抓好校园行为文化建设，就能帮助师生建立合理的知识结构，使整体综合素质得以全面提高。实际上，行为文化的建设过程，就是实施素质教育的过程,就是全面育人的过程。

二、教师行为文化建设

教师既指一种社会角色,又指这一角色的承担者。作为社会角色,教师是指以教书育人为指向的社会职业;作为教师的职业承担者,教师就是教书育人之人。从学术规范上看,教师又可从广义和狭义两个方面来理解。广义的教师是泛指传授知识、经验的人;狭义方面来理解,即教师是指受过专门教育和训练的,在学校中向学生传递人类科学文化知识和技能,发展学生的体质,对学生进行思想道德教育,培养学生高尚的审美情趣,把受教育者培养成社会需要的人才的专业人员。

(一) 教师文化与教师行为文化

关于教师文化的研究,主要集中在五个方面。一是从教师所属社会阶层和代表的文化角度出发,认为教师是代表社会"主流文化"的,如美国学者认为"教师的文化领导地位是中产阶级的"。在国内鲜有学者分析教师的社会阶层归属。二是从专业主义或专业性的角度出发,认为由于教师职业的特殊性和承担的诸多社会责任,教师较少有受雇佣的感受,他们的工作较有自主性并取决于自身的信念。三是从教师文化的影响因素角度出发,认为教师文化受许多因素的影响。四是从文化的类型或表现形式的角度出发,认为教师文化可分为学术为本的文化、学校为本的文化、学科为本的文化。五是从教师文化与相关文化的关系尤其是对学生文化的影响的角度出发,认为教师文化可分为强硬专断型、仁慈专断型、放任自流型等类型;而无论哪种类型,教师文化对学生文化的影响都是巨大而深远的。从总体上来说,教师文化的内容没有实质性的不同。从静态来看,教师文化是教师群体在长期的教育教学实践中形成的教育思想、教育信念、教学观念以及教师角色认同等精神因素的总称,其核心为教育教学价值观。从动态来看,教师文化就是教师在教育教学活动中表现出来的习性、习惯、思维与行为方式,其核心则是行为方式。

教师文化的特点在于其精神层面,即精神性。精神性是就其价值观而言的,因为共同的价值观是教师文化的核心因素,所以教师文化更多的具有精神导向。处在良好教师文化氛围中的教师,其价值观包括先进的教育观、学生观和教育活动观,这些价值观念都在很大程度上影响着教师的教育教学行为,同时折射出教师的精神风貌。正是因为这样,教师的行为自然地带上了向内显示其涵养、向外展现其导向和示范的功能。

教师行为文化是教师文化中的具体内容,是教师行为过程中所蕴含和体现出来的文化气质。教师的行为包括教师的学习行为、工作行为、日常生活行为等。

研究教师行为文化对校园文化建设和学校德育工作有重要的意义。教师行为文化是校园文化的具体实践。在校园行为文化教育中，不能忽视教师的行为文化建设，教师的行为对学生有直接的影响。所谓"学校无小事，事事是教育；教师无小节，处处为楷模"，正是强调了教师行为文化的重要作用。对学生而言，"耳濡目染"和"言传身教"中的"目染"和"身教"比"言传"更为重要。教师行为文化影响着学生的精神世界，也对学生的世界观、人生观的形成具有重要的引导作用。一个不断自我优化的教师行为文化磁场的形成，会以极大的感召力和穿透力潜移默化地改造着我们的教育，使学校走上可持续发展之路。

（二）教师行为文化的内容

教师作为普通成人的一般行为特征与其他人并无太大差异，教师行为文化中最显著的方面是教师的学习行为文化。

首先是学术文化行为。学校是探讨高深学问的场所，是知识的殿堂。在这里，真正受尊重、受推崇的是真理与学问。但在很多学校，学术行为出现了偏差，学术空气日益浮躁，研究成果或有剽窃，或是未经完善的成果急于投入实践，以谋名利。更有"学而优则仕"的主导观念越来越强大，学术的"官本位"意识直接导致了学术传统中"人统"和"事统"的高扬。在这种体制下，学术的尊严或权威尽弱化成政治权术，则教师的学术行为文化着实无高尚可言。学术不正，谈校园文化和学校德育不过是自欺欺人罢了。事实上，学术文化是校园文化建设的主体内容，它体现着一个学校的学术特色，反映着一个学校的学术水平。教师的学术行为无论是对深化教育教学，还是提高自身学术修养，都深刻地影响着学校的文化建设质量。

其次是教育教学行为。教师的教育教学行为是学校办学思想和办学特色的外显。教师行为文化是在学校长期实践及其积淀的传承与创新中形成的。科学、优秀的教育教学行为必然会被教师认同、接受，并且影响、改变着教师的教育教学行为，转变成教师自觉的行为。严谨的教学风格、良好的教学行为以及卓越的教学质量吸引和感召着万千学子。正如明清思想家孙奇逢所言，教人读书首先要使受教育者"为端人，为正士，在家则家重，在国则国重"。学校应该归纳并升华教师的优秀教育教学行为，固化为校园的优良传统和优秀文化，造就校园文化的独特魅力。

最后是"修学"行为。修学治身是教师行为文化中最坚实最具价值的方面。所谓"学高为师，身正为范"，学高不仅指专业领域的学术造诣，更是指个人的思想品质的修为。教师的修为首先应是民族的大义，爱国是起码的情结。没有民族的气节，就没有了做一名教育者的根基，不可为人师。其次是崇高的理想追求。教师要目光高远，有抱负，积极进取，乐观豁达、心胸开阔。最后，教师的修为还在于生活工作中充满爱意。要热爱生活，激情工作，对待学生要宽容为怀，理解、尊重和信任学生。只有这样才能赢得尊重和爱戴，才能真正激发学生的内在潜能，促进学生积极健康成长。

（三）教师行为文化建设

教师行为文化建设要处理好几对关系。

一是传承与创新关系。教师行为文化同校园文化一样，根植于自身发展的历史传统沃土之中。一所学校从建立的第一天起，就开始形成自己的文化，教师也在同一时间有了自己的行为理论和实践。教师行为文化一经形成，便会产生长远而持久的作用，影响学校的各个方面。梁启超先生曾经说过，文化是茶垢。文化一经形成，便会在特定的人群中世代相传。教师的行为文化一旦成形，则会在很长时间内发挥作用。一方面，优良的行为习惯得以在全校范围内展开，为校园文化建设起到示范作用。另一方面，我们深知，"文化"作为一种学校的资源，虽对学校建设带来许多益处，然而，随着时间的流逝，它也会逐渐消耗。同时，时代的发展对教师行为与行为文化也提出了更高、更新的要求。应当说，人类在传承前辈文化的同时，总是要在新的历史条件下进行更新的文化创造。不然，历久却不弥新的文化传统必定要束缚学校的发展。因而，在教师行为文化的发展中也必须处理好传承与发展的关系，不断推陈出新。

二是处理好教育理念与教育实践的关系。日益深入的教育改革给教师的发展带来了全新的挑战，教师从观念到实践，存在着很多亟待解决的问题。行为文化建设，首先是要转变教师的理念，改变他们的行为方式，再通过他们去改变学生的理念和行为方式，进而影响学生家长乃至社区改变。教师行为文化的实践支撑是教师自觉地将先进理念转化成教育行为。先进的教学理念是校园文化的灵魂，是先进的行为文化的内核。如果理念发生了问题，会导致人在不知不觉中产生错误的认识和理论。教育实践是教育理念的外在形态。教育理念会通过各种有形的活动和教师的任何行为细节，随时得以体现出来。

三是处理好爱师与爱生的关系。教师行为文化内涵发展的指向在于建设充满亲情和诗一般的田园。爱师是教师行为文化孕育和发展的营养剂。教师被誉为"太阳底下最光辉的职业"，教师队伍是教育事业发展成败的关键。在教师处处受到尊重、时时得到关怀的学校里，教师及其行为如同根植于松软肥沃的土壤，如同浸润于温暖清新的空气之中。关爱教师应尊重教师的首创精神，要关心教师的个人发展，要千方百计为教师成长创造条件，如组织教师进修、学习深造；观摩示范课，交流教学经验；互相听课、评课；鼓励教师参加国内外的专业学术研讨会；等等。关爱教师要为教师排忧解难。为了使教师在教学、科研以及各种教研活动中生活得更加美好，人与人之间建立更加温馨、充满关爱的合作关系，使教师能够专心致志地、更加充分地发挥创造潜力，还应该为教师排忧解难，做好后勤工作。

如果说爱师是教师行为文化的土壤，那么爱生则是教师行为文化的源泉。关爱学生是教师必须具备的情感品质。爱生第一步是要优化师生关系，建立起师生间民主、平等、和谐的新型关系。首先，要善待学生，关心学生。其实，教师每一次赞许的点头、期待的目光、会心的微笑、亲切的抚摸，都会使学生受到激励和鼓舞。一个爱学生的教师，才能得到学生的爱。其次，要尊重学生。尊重学生的真正内涵意味着不伤害学生的自尊心。最后，要因材施教。对于后进学生，教师的爱应该是尊重与鼓励。爱生第二步是以身示范，"身教重于言教，榜样的力量是无穷的"。在对待学生上，教师也要以身示范。第三步，做到教育公正公平。尽管教师和学生在年龄、阅历以及知识水平等方面有很大的差异，但在人格上，教师和学生应该是平等的。尊重学生的人格，保护学生的自尊心，使师爱如阳光雨露般滋润每一位学生的心灵。

爱是阳光，能融化冰雪，能滋润万物；爱是桥梁，能沟通心灵。有了爱，师生才能以诚相待，心心相印；没有爱，就没有教育，更没有教师的行为文化。

三、学生行为文化建设

在校园文化大厦中，学生行为文化是其中一个相对活跃的板块。作为校园文化建设的主体，学生以自己的行为诠释着一个学校的文化特质，是校园文化的消费者，受其熏陶，承其滋润，规其言，范其行，慎其思，而成谦谦君子与良才。学生行为文化又以跃动的性格创造着一个学校的行为文化，不断推进知识的淘汰、思想的更新、科学技术的进步，融新锐活力与探索创新于一体。作为校园文化的一部分，它植根于高校文化沃土之中，吮吸着丰腴的思想知识和营养；同时，它具体而又生动地展现着一所高校独特的办学育人理念，把几十年甚至上百年的教育道统，全方位、立体地烘托和展示给社会。

（一）学生行为文化概述

在理论界，学生行为的研究侧重于学生的日常行为规范和习惯养成教育，真正从文化角度认真思考的并不多见。有人侧重于文化的实质性研究，认为"学生行为文化是学生在学校活动中所表现出的特有的价值观念、思维方式、行为规范等，是良好学风、校风形成的基石，是学校文化的重要组成部分"。有人从学生的具体内容上来加以概括，认为学生行为主要由"学习行为、组织行为、生活行为、交际行为"等构成，每一种行为都隐含着一定文化，体现着一种价值，这些行为的总和组成学生的行为文化。这些研究都勾勒出了学生行为文化的主要轮廓。简单地说，学生行为文化是指学生在其学习和生活中的所作所为，是学生的生存状态的直观表达。

学生行为文化建设的目标，从大的方面讲，就是培育出符合社会主义道德标准，具有强烈的爱国情趣、崇尚文明的言行习惯，具备健全的人格和心理品质的优秀学生。从小处讲，学生行为文化建设就是要依照校园文化建设的要求，引导、规范和激发学生的行为，使学生行为与校园文化内涵建设保持一致。学生行为文化虽说是校园文化的子文化，但是却有着自己鲜明的特征。学习是学生行为文化的最重要特征，学习是学生的天职。所谓学生，就是以学习为主要职责的人，在现阶段的我国，指的就是在校学生。学生，不仅是学习知识，更是学习文化，学习如何做人、如何做事。学生行为文化的第二特点就是时代性。学生行为文化是校园文化的先锋，它对时代的反应最为灵敏，付诸实施最为快捷。因而，在大的历史变革时期，学生行为文化总是冲在了校园文化的前头，开启一个新时期的新风尚、新文化。学生行为文化的第三个特点就是自在性。学生的行为受主体所处年龄特征的限制，表现出极富个性的特征。学生行为更多是受到自己的意识支配，随意性较大，基本上处在自在行为状态。

（二）学生行为文化建设的内容

行为教育是学校教育一个非常重要的内容，对学生人生具有极为重要的作用，一直以来受到教育工作者的重视。中国古代圣贤也说：行有余，则学文。也就是说，先要学习做人做事，学有余力后，再学习文化。可见，学"行"应在学"文"之前，学"文"最终的目的也就是为了"行"。

学生行为文化建设主要包括以学习为主的学习行为文化、以实践活动为主的组织行为文化、以生活状态为主的消费文化和以人际交往为主的契约文化。学习是"人生旅程中最为根源性的营生"。学习行为文化是学生最重要的文化内容。它属于认知文化范畴，其目的在于建立科学思想及方法体系，以求真作为价值取向。学习所体现的文化集中反映在学生的学风上，学风就是学习的行为风气，抽象地讲就是学生学习行为文化。学习行为是学生行为的主体。学习行为的浅层内容是以知识的获取为主，包括学科基础与专业能力的掌握。学习行为文化的中层内容是学习方法和思维结构。学习行为的内核是自我能力和价值的实现。这三个层次，基本上勾画出了学生学习行为文化的三个阶段。第一层次是学习的初级阶段，也是大部分学习行为的基本追求。第二层次是在第一层次上总结提炼而成的，经过专业基本理论的学习后，会初步形成自己的学习习惯和良好的思维方式，而这会大大提高科学基础理论的学习效率和成绩。当把学习作为自身能力实现的需要和自我价值的证明时，学习的动力则大大提升，学习行为成为一种自觉状态，学习行为文化便为积极向上的文化。学习自觉外在地体现于学生"主动学习"行为，即在教学过程中，学生在学习时表现出的自觉性、积极性、独立性特征的总和，是从事创造性学习活动的一种心理能动状态。

组织行为是学生社会角色的体现，兼有社会权利与社会义务的双重属性。在当下，组织行为文化越来越受到教育者的重视。在研究学生学习能力的培养上，人们认识到，以往只重视知识的教授和学习，给学校、家庭、社会带来了越来越多的困惑。学生成为"有知识没文化"的青少年，缺乏动手能力、是非判断力，处理问题偏激，无视集体，散漫放纵等问题层出不穷。因此，学校要组织以开学典礼、升旗仪式、文娱体育活动、社会实践活动为基本形式的礼仪文化、活动文化及社团活动为主体的社团文化等，来规范和养成学生的组织行为。组织行为目的在于培养正确的民主法纪意识，确立政治责任及使命感。组织行为主要以有序为价值取向。组织的凝聚，让学生在除学习知识外，情感找到了归属。在组织中，通过活动，增强了学生的合作意识、集体意识和纪律性，更使学生懂得了责任。

生活行为是学生迈向社会的重要阶梯。由于学校给学生提供了更多的自由时间与空间，学生对课余闲暇有了更大的支配权。生活行为包括饮食、起居作息、娱乐休闲等。生活行为属于消费文化，目的在于形成积极的生活态度、高雅的审美情趣，其以美和健康为价值取向。丰富多彩的课余生活，乐观向上的生活内容，使学生学会尊重人、关心人、帮助人，养成有礼貌、讲卫生的行为习惯。

交际行为随着人才供求关系的演变和就业模式的更新，愈来愈多地进入学生的行为圈子，它包括学生的校内交往与校外交往，涉及师生、同学、同乡、异性及亲友等社会关系，属于契约文化。目前很多教育专家认为，社交缺失与社交能力弱化已经成为如今青年一代中比较普遍的问题。北京大学社会学博士袁岳指出，"父母过多地替代子女排解压力会导致个人社交能力的萎缩，现在，越来越多的孩子不仅是社交恐惧，还会彻底厌恶社交活动，几乎把自己完全封闭起来"。学生的适当的交际行为可以丰富他们的阅历，使他们树立起和谐的人伦理念。交际行为以诚信为价值取向。

（三）学生行为文化建设的方式及途径

一所学校要把自己的办学理念内化为师生的自觉行为，就必须要有文化行为的改造和积累。没有文化行为的改造，办学理念将流于形式。学生行为文化的建设是一个日积月累，不断完善的系统工程。我们要注意长远规划与近期安排相结合，常规工作与重点工作相结合，基础理论研究与行为实践相结合，从大处着眼，从细节入手，稳步抓紧抓好学生行为文化建设。

1. 以行为规划为主渠道，坚持正确的行为价值导向，加强学生品德修养教育

学校教育无论是思想政治教育、道德教育，还是科学知识的教育，都要紧密联系和体现在学生行为上。思想支配行为的规律是社会主义核心价值体系得以内化为大学生行为自觉的一般规律。人的思想一旦产生，就要支配他的行为。学生行为文化建设必须坚持正确的价值导向。一是要求教育过程中要把崇尚真理的教育渗透在学科发展与专业建设之中。培养学生不唯上、不唯书、只唯实、只求真的认知精神，端正学习行为。二是要把科学的民主法制教育渗透在学生生活的方方面面，培养他们遵纪守法、民主有序的组织观念，力戒盲目、冲动的非理性行为。三要把审美教育贯穿在学生做人的点点滴滴上，帮助他们树立健康向上的审美情绪，形成健康的生活方式，力戒奢华铺张的不良习气，学会节俭，学会廉洁，从学生时代就杜绝腐败病毒的侵袭。四要把诚信仁爱教育渗透在学生的人际关系之中，帮助他们宽以待人，乐于助人。"己所不欲，勿施于人"，"己欲达而达人，己欲立而立人"，要教育学生成为诚实守信、友善待人的文明使者。社会公德的培养，文明习惯的养成，从本质上展现出一个人的思想品质。事实上，良好的行为习惯，是保证学习顺利的前提，也是树立健康人格的基础。

学校教育要重视对学生基本行为规范教育，加强学生文明行为习惯的培养。首先，帮助他们解决如何"做人"的问题。良好的品行不是一朝一夕、一蹴而就的，要通过制度建设和科学管理来逐渐养成。规章制度实际上是倡导正确的价值导向在具体现实条件下所体现出来的行为规范，具有强制性。学生学习规章制度、遵守规章制度的过程，实质上就是把行为规范转化为实践的过程。因此，对青年学生的管理要有章必循。有章不循，将造成学生思想上的困惑和行动上的彷徨，也极易受社会不良风气的影响。

2. 以制度为保障，抓学生常规管理，建设优良学风

行为文化的形成是一个相互促进、共同提高，最终确立一个新的行为准则的过程。这个过程离不开基本的规范要求。制度是管理的基本要求，是行为文化产生的基础。学校的制度是校园行为文化的传承、引领，是校园行为文化建设的需要。要重视制度建设和制度的文化性，整合、健全、完善学校教育教学行政管理制度体系。制度建设要从常规管理和行为文化建设两方面出发，来构筑和规范学校教育教学工作。学校的规章制度无非具有两种职能：一是保障功能，即为了保障学校协调、有序、健康地发展，保障师生更好地学习、工作和生活；二是激励功能，即激发和调动师生为实现办学目标，实现学校、教师、学生共同发展的积极性、创造性。

以制度为保障，创建优良的学风是学生行为文化建设中的最为重要的内容。学风最直接地体现着学生行为文化的主要方面和实质内容。学风是一所学校的灵魂，是学校生存与发展的支柱，是学校的宝贵财富。创建优良的学风首先指的是治学目的。树立正确的治学目的是治学的首要问题，它确定学习的方向，决定学习的动力，给治学精神和治学态度以强烈的影响。勤奋是一切事业成功的前提，是我们创造优良学风的基本条件。勤奋谦虚的治学精神体现了学风的灵魂，是学风的核心。勤奋是振作精神，孜孜以求，锲而不舍，努力获取知识；谦虚是指虚心学习，永不满足，自觉调整治学方法和态度。知识和能力的获得，都是日积月累起来的，"绳锯木断，水滴石穿"。严谨求实地治学是学风直接而具体的体现，是学习目的、治学精神的着落点。最后，学风还体现在开拓创新的作风。就是要求从实际出发，敢于提出新问题，善于解决新问题；敢于开拓新局面，做到"四有"——有所发现、有所发展、有所创造、有所前进。

学风的创建还要注重日常的引导和管理。学生的主要任务是学习，学习是学生每天的必修课，学生的学习行为规范每天必抓，坚持不懈。良好的学习习惯是学会学习的保证。学生行为文化创建要在营造安全、宁静、向上的学习生活环境中，重点抓好学生学习的常规管理。要培养学生阅读的习惯、质疑探究的习惯、合作交流的习惯、专心听讲的学习习惯。做到这些，就要有正确的学习动机，有强烈的学习渴望；要学会科学地思考问题。在向老师学习知识的过程中，要把老师思考问题时采用的思维方式、思维规律和思维方法学到手。常规管理中对学生的课堂行为加以监督检查是必要的途径。课堂是学风的发源地，课堂也是体现学习行为文化最好的平台。

3. 以活动为载体，加强社会实践活动，培养学生服务意识

重视创设校园活动，并注重活动形式的标识性或活动仪式的规范性，用看得见的行为方式来强化一种看不见的教育目的，增强对学生心灵体验的震撼作用，提升活动的教育效果。

积极开展健康有益的社会实践活动是学生行为文化建设的重要阵地。首先，社会实践是坚定学生信念的"催化剂"。课堂教学中传授的知识，能否内化为学生觉悟、外化为学生行为，关键是让学生深入实际，在社会实践中去比较、去检验，并强烈地感受到"内化"与"外化"的必要性。其次，培养学生正当的爱好和志趣，丰富、发展学生的个性特长是一个积极能动的过程，是当前素质教育的重要内容。再次，社会实践是学生能力的"培育场"。学生运用所学知识观察、分析、解决实际问题的能力，要在实践中培育。

体现有校园特色行为文化的学生良好行为，可以活动为形式，创设符合学生生活经验的教育场景，搭建有利于学生主动参与、自主管理的平台。①校内劳动、

家庭劳动。校内劳动主要指学校在劳动课程之外的活动安排，包括班级及学校卫生值日、纪律值勤、劳动周活动、建校劳动等，任务主要是维护、创造良好的校容校貌；家庭劳动主要指学生力所能及的家务活动，此类劳动的主要德育目标在于通过日常劳动，培养学生的自理能力、自律意识、吃苦耐劳精神和良好的劳动习惯。②勤工助学活动。勤工助学是西方各国高校实践教育的主要形式，以生产劳动为主要形式。在我国，参与勤工助学的学生现在也越来越多，内容越来越丰富，如做家教、店员、职员、学生食堂的服务员和搞推销等。通过勤工助学，使学生在艰苦条件下磨炼意志，培养独立能力，丰富自己的才干，既能习得职业道德规范和敬业精神，又能获得一定的经济报酬，缓解家庭的经济压力。③文化创造、文化普及活动。在大部分学校，学生正在承担着重要的文化创造、文化普及的重要职责。学生组织的合唱、舞蹈、书画创作等课外活动都有助于培养公平竞争的精神，为他人服务、与他人合作的品格，还可以增强对集体的归属感、合作意识以及遵守集体的行动规范和秩序的品质。在这方面，对学生社团也能起到促进、锻炼和考验的功效。④公益劳动、社会服务和社区精神文明创建活动。主要指学生运用自身智力、体力和知识、技能，为他人提供帮助，解决其特定困难的活动（包括生活服务、科技服务、信息服务、咨询服务等），以及积极参与文明社区、文明乡镇、文明家庭的创建。如组织学生走出学校，到工厂、到农村，深入社会各个领域，开展研究性学习。学生们关注煤矿工人的安危，关注下岗工人的再就业，关注环境污染与环境保护，关注三峡库区的建设与发展，在实践中规范学生的言行，培养服务意识和奉献精神。学生在参与劳动中树立甘于平凡、勇于承担重任的劳动观念，培养热爱劳动的习惯和珍惜他人劳动成果的品格，启发道德的思考。⑤专业实践。主要包括专业实习、与所学专业相联系的岗位劳动（与专业实习相配合的见习环节只是一个单向的认识过程，并不属于社会实践范畴）。专业实践主要适用于大学和中等职业学校，它在促进学生扩大专业知识面、加大知识深度、提高专门的职业技能的同时，能够实现培养学生的专业精神、职业道德和职业适应性的德育目标。

（四）学生行为文化建设中要注意的几个问题

1. 学生行为文化建设要常抓不懈

学生行为文化建设涉及学生形象、素养、思想道德、行为规范等诸多方面的培养与实践，是一个渐进的过程，是一个有计划、逐步实施、不断完善的过程。学校要制定长远规划，分管领导统筹，政教处、团委、学生会分工合作，齐抓共管，把学生行为文化建设的总目标与阶段目标相结合，常抓不懈，抓细抓实抓好。

2. 学生行为文化建设要突出重点

良好的行为习惯培养是行为文化建设的一个重点。我们要充分利用升国旗仪式、主题班会、校园文化活动、社会实践活动及班级管理、宿舍管理等多种途径，培养学生文明、积极的生活态度，良好的行为举止，与他人和周围事物良好相处的行为方式；培养学生做事专心、有始有终的良好生活习惯。我们坚信，良好的行为习惯是学生顺利成长、收获成功的基石。

3. 学生行为文化建设应与物质文化建设、制度文化建设同步

学生行为文化建设离不开物质文化的支持，更离不开制度文化的约束和促进。舒适安宁的学习、生活环境，恰当的警世名言标牌，催人奋进的激励式人物形象和必要的规章制度，都会给学生行为鼓舞和正面引导，促进学生行为健康向上。因此，校园文化建设要统筹兼顾，相得益彰；突出各自特色，发挥各自优势，多方促进学生行为文化建设健康向上、逐步成熟。

4. 要重视和加强班级行为文化建设

班级是学生学习、生活的主要场所，是学校管理的基础，是学生行为文化建设的细胞。班级开展的各种文化活动就形成了各具特色的班级文化。加强班主任培养，提高班主任素质，落实班主任责任，使班级行为文化追求一种真诚、宽松、向上的境界。要注重细节、兼顾全局，对学生给予最大程度的理解、宽容和关爱。在和风细雨中，在交流沟通中，规范学生的言行，培养良好的生活习惯、学习习惯和人际交往习惯，使学生行为文化建设落到实处，使文明校园焕发勃勃生机。

第四节　校园物质文化建设

一、校园物质文化的内涵

国内外不同层次的学校尽管在办学规模、教育水平、专业设置等方面存在着层次差异，但是所有学校赖以存在和发展均需有一定的物质基础却是共性的，即学校教育须具备一些基本的物质设施，如教学大楼、图书馆、学生宿舍、教学设备、各类实验室、食堂、运动场地、校园绿化美化、雕塑和景点等。校园物质文化环境主要是由学校的这些物质设施及其所处的自然环境所构成。它是校园文化建设的硬件部分和物化表现形式。需要明确的是，校园物质文化环境绝不是校园中各种实物的简单组合。诚然，校园文化离不开自己的物质载体，这种载体表现为一定的实物。但是实物之所以表现校园文化，并不在于实物本身，而在于它所表现的文化观念。只有当一定的实物具有一定的文化内涵，表现出一定的文化观念时，这些实物才能成为校园文化的物质载体，并由它们构成校园物质文化环境，对学生思想品德产生影响。

可见，所谓校园物质文化，就是校园文化主体曾经和正在作用于其上的一切物质对象，是人们通过感官可以感受的一切物质性对象的总和。校园物质文化是校园文化的外在标志，与制度文化、精神文化相比较，物质文化是一个与物质技术因素相联系的概念。物质文化作为物化的文化形态和校园文化的外壳，既是学校物质文明建设的基础和成果，又是学校精神文明的载体和反映；它作为校园文化中的有形部分，是校园中看得见、摸得着的物化的文化形态。从校园文化诸形态的内部结构来看，物质文化从最显在的意义上映照着整个校园文化历史发展积淀的时代特征、地域风格和民族样式，折射着校园主体的价值倾向和审美意向，是其他文化形态存在和发展的基础。

校园的物质文化构成了有形的校园。校园的物质文化能够通过其物质性的外形特点和一定程序化的组织活动显现学校的精神文化和制度文化。以高校校园建筑为例，牛津、剑桥、哈佛以及我国的北大、清华等大学，它们的校园建筑，都无一例外深刻地反映出它们各自厚重的文化风格和精神风貌。因此，不论是高校还是中小学校园的物质文化建设，不仅仅是建几栋房子、修几条路、植树种花绿化美化、增添一些设备和设施的问题，而是应当把高校校园的物质文明建设与高校的精神文明建设有机地结合起来，使一所学校倡导的精神融入校园的物质之中，使校园的物质承载、体现一所学校倡导的精神。苏霍姆林斯基说过，"未来的学校应当把大自然所赋予于人所能做到的一切都尽可能充分地用于人的和谐发展，做到使大自然为人服务"，"努力做到使学校的墙壁也说话"。

二、校园物质文化的特性

作为自然环境与师生员工实践活动的结果，校园物质文化既有共同点，又因地域和学校层次不同表现出千差万别的风格、样式和意向。一般来说，不论是中小学还是大学，都有以下的几个共同特点：

（一）地域性

校园物质文化地域性表现在两个方面：第一，自然条件的地域性。地理位置不同、地形地貌不同、自然环境不同都影响着校园空间观念、建筑布局、景观风格和精神风貌，校园物质文化建设必须因地制宜、因形造势。第二，文化上的地域性。不同的地域构成不同的地域文化，不同的地域文化为大学物质文化涂上了基本底色。地域文化体现了本地域的民情风貌，反映了本地域人们的生存状态，包括思维方式、价值取向、行为习惯、社会心理、审美追求等，是本地域人们的精神和生活规范。校园物质文化应主动适应并充分体现出地域文化特色。

（二）形象性

任何一种文化形态和它的存在形式都有一个外部形象。对校园文化而言，以思维观念、价值取向等为主要内容的精神文化是无形的，它们都必须寓于或投射到物质形态之中，只有这样才能被人们感觉到、体会到，才能促使人们去适应并内化为精神。校园文化的物质空间形象，第一是表现在校园空间的总体布局和规划中；第二是表现在校园的内部结构中，主要是各功能区的划分、道路的连接、建筑群形式等，表现为和谐的运动形象；第三是文化表征形象，如图书馆、体育场馆、教学大楼等的造型，亭榭风格，文化广场、读书园地、校园雕塑等，直观地体现出校园人的文化观念和审美特色。

（三）情感性

学校所处的地理环境、所提供的物质条件、所形成的文化氛围、所进行的教育过程和方式，构成了受教育者个体的学习情境，将会对受教育者思想行为产生潜移默化的影响。校园是校园人的精神家园和情感凝聚点，校园物质形态是学生与学校联系的感情纽带。

（四）生态性

随着全社会对生态文明建设的重视，校园物质文化建设也应注重其生态性和和谐性。物质文化的生态性表现在四个层面。第一，校园物质文化是社会物质文化系统中的亚文化，体现了社会物质文化的基本特征和要求，不可能独立于社会物质文化之外，必须与社会物质文化相联系、相协调。第二，学校作为教育机构，是教育生态系统中的一个"生态位"，与教育系统内各个因素有密切的联系，教育生态系统中的各个因素之间相互影响、相互作用、和谐发展，促进了教育生态系统的平衡和发展。校园物质文化作为教育生态系统中的"生态位"，首先应表现出教育的功能和特色。第三，校园物质文化建设必须符合自然环境的生态平衡原则，根据办学理念和价值追求，按照美的规律，创造出融合自然美和思想美的"第二自然"。第四，校园内部物质文化是一个统一协调的生态系统，不能造成割裂。例如：当前一些新校区尤其是综合性大学城远离主校区，"孤悬"校外，地理上的偏离造成文化的游离；有些老校区，见缝插针搞建设，破坏了校园物质文化的整体性和和谐性，这些教训我们必须吸取。在校园物质文化的建设发展中，我们应把它作为由教育系统、文化系统和社会物质文化系统相互交叉和影响而构成的一个"生态位"，统筹安排。

对于大学而言，其物质文化建设还应该突出体现以下几个特色：

1. 鲜明的学科性和浓郁的人文性

学科或专业是高校立校之本、成长之源，也是大学物质文化的一个闪光点。

大学物质文化的学科性特点表现在三个方面：第一，不同的学校有不同的专长学科，这些专长学科形成学校的办学特色，从而影响着物质文化特色。第二，大学仅有大楼不行，必须有大师。大师们的思想、成就、风格，甚至大师的逸闻趣事都是大学文化的一部分。从某种意义上讲，有大师才有大学，才有大学文化。学校应通过一定物质形式宣传和展示大师文化，如保护名人古居、建造专家楼、用名师姓名来命名建筑物等。第三，学科设置不同，教学设施条件和教育教学组织方法不同，空间利用和建筑设计等也应不同，它们将显现出不同的物质文化。校园人在特定的校园物质文化氛围中，时时处处与物质文化发生关系，受物质文化显性或隐性的影响和制约，表现出不同的思维方式、行为习惯和精神气质。

大学校园是高度人化的环境空间，是大学人根据办学理念和价值追求，按照美的规律，创造出来的自然美和思想美和谐融合的人类"第二自然"。大学的物质形态凸显了大学的文化内涵和特色。草地、树木、雕塑、广场、亭榭、文化古迹、文化遗址等人文景观是对大学文化的展示；校园里的交通、通信、购物以及供水、供电、供气等物质条件等也体现出人性化特点和教化育人的功能；教学组织方式、公共秩序等也都是大学精神的体现。大学里的建筑不应仅仅是钢铁和水泥建构的，而应该是新材料、新能源和信息技术所支撑起来的智能大厦，应该是体现现代人精神追求的艺术世界，应该是建立在现代文明的道德、行为规范之上的文明之地，应该满足校园人多样化和个性化的发展，应该是培养高素质现代人的孵化器。

2. 意识的先导性和发展的前瞻性

校园文化是动态发展的，大学文化要能够引导时代潮流，要真正体现"百花齐放，百家争鸣"的方针。由于一种校园文化的形成需要长时间的积淀、长时间的发展，所以我们要尊重历史，挖掘历史留给我们的宝贵的精神财富。我们还应看到人的创造精神是无穷的，时代的发展是不可阻挡的。我们必须树立唯物主义发展观，在继承中扬弃，在发展中创新，使校园物质文化建设具有先导性和前瞻性。同时，基于校园物质文化的发展性，我们要为后人留下可创造的空间，使物质文化建设有可持续性。

三、校园物质文化的德育功能

校园物质文化像校园的精神文化、制度文化、行为文化一样，同样能体现出它的德育功能。校园的建筑布局，环境的绿化、美化，人文景观设置，甚至娱乐设施等，无不体现着校园人的审美感受、审美情趣和精神追求。健康、良好的环境氛围，不仅令人精神愉快、心旷神怡，而且陶冶学生的情操、净化学生的心灵，使他们在不知不觉中提高道德水平和心理素质。校园建设者要对环境作整体的规划和精心的设计，让校园的物化环境传达出一种崇尚自然、深邃、儒雅的文化气息，要赋予景观一定的象征意义，使其具有丰富的文化底蕴，承载起凝重的人文内涵，让平凡的景观因其文化底蕴而显得灵性十足。莘莘学子置身优美和谐、文化底蕴深厚的环境里，能引起精神的愉悦，情感的共鸣，促使其谈吐得体、举止文雅。校园环境建设发挥着隐性德育效果，营造出学生成长的良好氛围，以实现育人目标。具体效果表现如下：

首先，优美的校园环境能给学生以美感、愉悦感，有助于培养完美的人格。干净、整洁、宁静、优雅的环境让人心向往之，见而愉悦；脏乱、嘈杂、污秽的环境让人心生厌恶，避之唯恐不及。因此说，强化校园环境的隐形德育教育效果就必须使环境给人以美感、愉悦感，不能使校园人提起学校就觉得烦乱，无法静心处于其中。由于学校条件不同，自然不能要求每个学校都做到亭台楼阁、小桥流水、园林湖泊、飞檐长廊等，但校园广场道路、教室地面、围墙等干净整洁则是必需的，实现树木葱郁、芳草青青、校园清静幽雅则可。一般学校要做到树木绿化、草坪绿化和花卉的美化，加强这最基本的三点环境美化，调动起全体师生的积极性来共同维护、爱惜校园。保持环境的整洁、美好，定能营造学生成长的良好氛围，给校园人美感和愉悦感，还可强化学生的美育效果。能够强化课堂所接受的美育，是因为良好的校园环境能够提高师生审美能力。文化场景的品味高雅、布局合理美观，不仅直接给人以愉悦，也间接地给人以"润物细无声"的审美能力与情趣的熏陶。由于这种影响是日复一日的长期的重复刺激，就具有极深刻的影响，有助于提高他们的审美素质和审美能力，还有助于学生从事审美实践，形成完美的人格，实现育人效果。

其次，清雅幽静的校园环境能舒缓学生的心情，起到怡情养德的效果。当今社会是一个充满竞争和压力的社会，学校也不例外。青年学生处于生长发育的特殊时期，情绪起伏波动大；教职员工更是直接处于社会的竞争之中，一定时期的激愤、伤心、悲观、失望等极为常见，但如果得不到及时引导、转化，就可能会酿成大患。如今思想政治教育工作由于种种因素影响，不能对所有师生做到有效疏导。在这种情况下多数人只得选择自我调节，或一个人在清静幽雅的环境里走走，听听鸟鸣叶动声，让心情平静下来；或与知己好友在林荫道上走走说说，将心中郁闷发泄出来；或看看历经磨难而成大业的前人塑像，将信心重启；或读读橱窗里的名人传记、优美的励志文章，于无形中舒缓人的心情，起到调节作用，把人的斗志重新激励起来。建设清雅幽静的校园环境就是使得生活于其中的师生得以放松，通过清脆的鸟鸣、静谧的林荫小路来舒展身心，通过特色的雕塑、恬静优美的花草树木来调节心情，通过各种环境设施给师生以轻松美好的感觉。明亮洁净的宿舍区、就餐区、学习区、活动区，充满动感活力的景点和物件设置，则能使校园人从中感受到轻松愉快，缓解学习、工作而带来的心理紧张和压力，调整心理状态，起到怡情养德的效果，有利于学生健康成长。

再次，带有历史底蕴和文化底蕴的特殊设施能强化学生的人文素质，提升学生的使命感和责任感。一些历史悠久的学校出现过一些影响历史发展的名人和大师，成为不可多得的德育资源，如北大的蔡元培、清华的朱自清。这些名人大师的雕塑或者名言警句可以使师生获得自豪感并促使在校师生努力进取，以期取得像校友名人那样的成就，可以激发校园人的主人翁意识。即使没有这些历史资源的学校也可以用名人雕塑和名人名言来激励学生。如师范学院建陶行知塑像、医学院建李时珍塑像、文学院建鲁迅塑像、理工院校建祖冲之塑像，不同学校为本校培养出的杰出人物树立雕塑，等等。让这些塑像成为一种文化传承和精神传承的载体，联想到他们为人类作出的巨大贡献和为后人留下的哲理名言，从而成为激发自己进取的精神力量。如美国哈佛大学的"真理"校徽及其"以柏拉图为友，以亚里士多德为友，更要以真理为友"的校训，激励了数万哈佛人对真理的执著追求。反映特定精神的塑像和哲人箴言会锻炼师生思维能力并激发其创造欲望。因为富有创造力和教育寓意的校园环境设施会在愉悦师生身心时，于无形中活跃其思维、激发其想象力，促使其不断求知、积极进取，进而提高自身的人文修养。校园环境里的这些特殊设施能够对学生产生直接的感官影响和潜在的心理影响，这些活灵活现的雕塑和发人深省的警句向学生传递着丰富的文化内涵和精神内涵，成为德育的重要手段。

最后，将德育目标与理念渗入学校的一草一木之中，形成一个无处不在的德育环境，于潜移默化中实现教育效果。人的心境和情感能受环境影响和感化。如在古木参天的寺院里，人常有肃敬之心；在花团锦簇的花丛里，人常有欣悦之心；在高山流水的深山里，人常有远离尘嚣之心；等等。校园的物质环境被教育者精心设计，能把学校的德育目标与理念渗透在一砖一瓦、一草一木之中，使育人的心思无处不在。对此，各个学校可以将校园精神理念蕴涵在自然环境、整体建筑风格之中，体现在校园雕塑、亭台水榭、飞檐长廊等人文景点建设之中，标识在校门、院墙、路标、警示牌、广告牌、广播设施、道路、路边石凳桌椅等环境设施之中，使阅报栏、宣传栏、外语角、知识长廊、名人名言挂图、警句格言、师生书画作品，甚至学校的每面墙壁、每块绿地、每个角落均成为会"说话"的老师，无时无刻无处不在教育、熏陶、感染着学生，定能培育出特色校园环境氛围，在潜移默化中实现德育效果，达到育人目标，培育出合格的建设人才。

四、校园物质文化建设

(一) 校园物质文化分类

物质文化是学校教育赖以进行的物质基础,或隐性或显性、或直接或间接地决定了教育的效果。因此,在研究如何加强校园物质文化建设时,首先必须对它进行必要的分类。依据不同的标准,可将校园物质文化分为以下几类:

首先,根据内容,校园物质文化可分为学校地理环境、学校规划与布局、学校建筑、学校人文景观、学校文化传播设施、学校生活设施、学校绿化建设等。学校地理环境的优劣与学校育人功能的发挥直接相关。所以,古今中外的教育家都很重视校址的选择。如中国古代著名的五大书院都设在依山傍水之地;德国等一些西方国家的大学一般都选择在自然风景秀美、远离城市喧嚣的小城镇。

学校规划与布局一方面体现了学校的外在形象,另一方面也体现了环境育人的宗旨。其主要表现在功能区的分布上,如教学区、生活区、运动休闲区、行政办公区等。各区既相对独立、功能各异,又相互协调、相辅相成,发挥着整体的育人功能。另外,学校规划与布局还表现在建筑物的朝向、位置和风格,各类用房的组合和配置等方面。以建筑物的朝向而言,在校园中除南北走向的建筑外,安排数量相等的东西向建筑,于是每个建筑群就构成一个自然的院落区,从而有利于提高校园建筑的整体效果。

学校建筑要通过其造型、空间布局来表现办学者的思想内涵、价值观念和精神追求。受不同时期的环境因素、技术因素、经济因素、文化因素的影响,学校建筑会表现出不同的内容和风格。它作为一种潜隐的教育信息和观念的本体,对在校师生的行为产生潜移默化的影响。如一些建筑物(报告厅、实验楼等)在人们的感觉中始终充盈着奋发向上的精神、求知探索的气氛,于是,这种物质文化悄悄地融入师生探索知识、追求真理的过程中,从而激励他们勤奋地学习与工作。

学校人文景观主要是指被赋予一定人文色彩的物质景观,它的存在不仅能充分展示学校的悠久历史,还可以丰富学校整体环境的内容,体现学校的人文精神,使师生在人格上得到陶冶。如清华大学校园内的共产党员施幌烈士浮雕、闻亭、自清亭;北京大学里的白塔等。还如许多校园里都有的人格化了的花草树木,像松梅之耐寒、荷花的"出淤泥而不染"等,都能使在校师生励精图治、奋发向上,并不断地提高自身修养。

另外,学校的文化传播设施、生活设施、绿化美化建设等物质文化,也是构成校园物质文化的重要内容,具有其独到的作用。

其次,根据其变化速度,可将校园物质文化分为流动型物质文化和稳定型物质文化。

　　流动型物质文化指的是随着时间的推移及环境的变化而不断变化的校园物质文化，如学生的服饰、寝室布置等。这类物质文化变化速度快、时效性强，因而要创建、管理好这类物质文化，教育工作者就必须以敏锐的眼光捕捉"时尚"，及时地进行更新和创建。同时，也要加强对学生的教育与引导，从而共同建设好校园物质文化。稳定型物质文化指的是形式和内容在较长时间里保持相对稳定的校园物质文化，如教学楼、校园雕塑、学生食堂、图书馆等。这类物质文化稳定性强，效用时间较长，因此需要教育工作者以长远的眼光精心设计。例如学校的教学楼、学生宿舍等建筑，一经建成，将长期使用，不需要也不可能频繁地"更新"。因此，对学校建筑，需面向未来，精心设计，精心施工，确保质量。

　　再次，根据其功能，可将校园物质文化分为实用型物质文化、观赏型物质文化和激励型物质文化三大类。

　　实用型物质文化是指为教学、生活、科研、管理等实际工作服务的物质文化，是保证与激励学校教育活动成功的基本硬件，如教室、食堂、实验室等。这类物质文化是学校教育赖以进行的物质基础，直接关系师生的衣食住行，影响教育教学效果。依据服务领域，实用型物质文化又可分为教学型物质文化、生活型物质文化、科研型物质文化、管理型物质文化。从某种意义上说，实用型物质文化构成了校园环境的主体。因此，在创建这类校园物质文化时，应主要考虑其实用性、耐用性，切勿追求奢华。

　　观赏型物质文化是以审美为目的，侧重于陶冶师生精神和性情的校园物质文化，如花坛、校门等。这类物质文化虽不直接服务于师生的日常工作与学习，但都潜移默化地影响着师生的情感与意志等非智力因素。因此，对其建设也应给予高度重视。

　　激励型物质文化是以激励和表征为目的，教育者精心设计和安排的物质文化。尽管在不同的学校环境里，这类物质文化激励和表征的水平不同、形式各异，但它们都是以丰富的人类思想和深厚的文化底蕴来潜移默化地激励师生不断进取的。如北京大学校园里的华表、清华大学里的自清亭等。当然，有些物质文化的功能并非单一，或同时具有以上两种功能，或三种功能皆而有之。如清华大学的主楼、图书馆、清华学堂等，它们既具有较强的实用性，为学校的教学和科研提供物质基础，又具有一定的观赏性。无论从外形还是内容来说，它们都体现了国人外在求儒雅、恬静，内在重含蓄、深邃的审美要求。此外，它们还具有典型的激励和表征的作用，它们是标识学校品质和权威的寓意物，它们标示着整个清华大学的品质和实力。它们往往使莘莘学子的心灵受到强烈的震撼，从而成为学子们感到骄傲、自豪、振奋的精神依托。因此，在进行校园物质文化建设时，应尽可能地实现物质文化的多功能化。

最后，根据其历史价值，可将校园物质文化分为历史型物质文化及非历史型物质文化。

历史型物质文化指的是历史相对比较悠久，能反映和见证学校历史进程，具有较高的历史价值、甚至文物价值的物质文化。这类物质文化能让与其朝夕相处的师生耳畔常鸣学校历史悠长的钟声，进而产生一种奋发向上、为学校争光的强劲动力。如清华大学的大礼堂、老图书馆等一批早期的西洋古典建筑，不仅反映了当年西方文化向中国渗透的特征，也"镌刻"着清华大学的百年校史。因此，这类物质文化应得以长久保存，并要引导师生体味其历史内涵。非历史型物质文化是指历史相对较短，暂不具有或不具有历史价值的物质文化。这种物质文化侧重于现实的工具价值，为师生的工作、生活服务。如学校的食堂、计算机网络、学生宿舍等。

诚然，以上的校园物质文化类型的划分只是相对的，或许也是不够完善的。但重要的是，通过对校园物质文化类型的探讨，逐渐加深对校园物质文化的认识，为校园物质文化的建设提供必要的思路，进而促进整个校园文化建设的顺利开展。

（二）校园物质文化的建设

校园物质文化强调校园物质环境的先决性，同时十分关注学校成员的人文关系。一般意义而言，环境是指人和生物周围的一切事物，这些事物能给人或生物以若干影响。而我们这里所讲的环境是指人生活在其中并给人以影响的客观环境，包括自然环境和社会环境。在人的发展中，环境的作用不可低估。中国古代春秋战国时期，孟轲的母亲，为了找一个好的环境来影响她的儿子，曾三次搬家，这就是历史上著名的"孟母三迁"。英国学者H·斯宾塞曾致力于研究有机体的心理对环境适应问题，并企图用生物进化的规律解释社会现象；美国行为主义心理学家J·B·沃森甚至认为环境是影响个体发展的唯一因素。事实上，人类是在一定社会关系中生活，接受着来自外界的各式各样的积极的或消极的、物质的或精神的影响，据此形成一定的思想、观点、行为和习惯。人们接受环境的影响并非消极的、被动的，而是积极的、能动的过程，校园物质文化尤为如此。环境时时影响着人，人也处处在改善着环境，正是由于个体能动地作用于环境，环境才对个体发展产生影响。人总是在实践中改造着客观世界，同时接受了客观世界的影响，从而改造着自己的主观世界和发展自己。师生创造的校园物质文化是影响发展的一种自觉因素，对教师、学生的发展起着主导作用。建设良好的校园物质文化，必须以党和国家的教育方针以及学校特有的培养目标为指导，正确处理硬件建设与软件建设的关系。应努力做到校园规划布局合理，建筑适用美观，环境优美高雅，体现校园物质环境所应具有的学术气息和文化氛围，使之既可以满足教学科研工作和师生员工生活的需要，又有利于净化学生的心灵、陶冶学生的思想情操、培养学生高尚的品德。校园的一切建筑环境应是德育的一种体现，渗透着德育的内容和发挥着教育的作用。

具体而言，校园物质文化的建设包括以下几个方面：

第一，校园物质文化环境的整体设计。

校园物质文化环境包括校园内部的规划格局以及校园建筑、雕塑、绿化和文化传播等多方面的内容。从更广泛的意义上说，更涉及学校教师、学生对上述各方面内容的认识态度与审美价值取向。加强校园物质文化建设，首先必须注重校园物质文化环境的整体设计。整洁、优雅、美观、文明的校园物质文化环境会大大激发人的求知欲望，促使学生、教师积极进取；相反，脏、乱、差、粗俗的校园物质文化环境则使人走向反面。校园物质文化景观具有某种强制力量，它们通过自身存在价值，让学生耳濡目染，在学生对校园物质文化的解读过程中，"不仅可以展示学生独特的精神世界，而且也形成学生不同的精神世界"。校园物质文化就是要让校园里的每一堵墙都能与学生"对话"，利用校园艺术雕塑、宣传画廊、广播板报、寝室设计等形式，逐步渲染一种爱国主义文化氛围，一种崇尚科学、报国报民的文化氛围，一种脚踏实地、勤奋努力的文化氛围，一种乐观向上、积极进取的文化氛围。清新整洁的校园通道，各种富有人情味的标牌，引人联想的主题雕像，让人肃然起敬的各种锦旗奖牌等，都渲染着一种蓬勃向上、生动活泼的校园文化。草坪上，委婉的富有文化韵味的"小草在休息，不要打扰它"、"小草树木皆有情，攀折就是摧残生命"、"已有阳光大道，何必另辟蹊径"等保护牌让人感受到浓浓的人情味。在这样的校园总体设计中，校园里的每一处物质文化景观都蕴含一定的德育追求、道德规范、精神鼓励，人们的一切思想行为都能得到净化和升华。

第二，校园建筑群的设计。

校园的建筑设计，在直观上展示出学校的风格，让人在这样一个环境中不由自主地感受到一种情感，使人愿意亲近和接受这个环境的文化熏陶。一般说来，校园的建筑设计不像商业建筑设计那样追求高大和气派，它更侧重于突出文化性和教育性，更多地考虑到学校的特点和民族的特点。如陕西师大的校门，外形设计为翻开的书页，圆形立柱设计成点燃的蜡烛，让人在跨入校门的那一刻起，立即感受到教师职业的神圣和崇高。它犹如燃烧的蜡烛，牺牲了自己，照亮了别人，把自己的青春和人生都献给了人民的教育事业，从而教育学生认识到自己肩负的责任和使命；湖南师大的校园内，竖起了孔子、屈原、荀子等名人塑像；西南交通大学在校园内为铁路专家詹天佑竖立了雕像。无声的石头在这里成为一种文化载体,向周围的人们展示出一个个思想家、教育家、科学家的音容笑貌,使后人联想到他们为人类文明做出的非凡贡献,联想到他们为后人留下的哲理名言,从而成为激发自己进取的力量。清华大学在校园内为杰出校友闻一多、朱自清竖立了塑像,建立了清华大学最早的共产党员施幌烈士的浮雕,为在抗日战争和解放战争中牺牲的清华烈士建立了纪念碑。竖立这些校友的标志性建筑,意味着学校对他们事迹的肯定和赞扬,意味着今天清华学子的努力和奋斗方向。无声的建筑物在这里被赋予丰富的文化内涵,成为育人的重要手段。

第三,公共场所的室内设计。

学校公共场所的室内设计,包括教室设计、阅览室设计、礼堂和会议室设计等,这是学生学习和开展活动的地方。恰到好处的设计可以极大地强化教育效果。教室的正前方挂上庄严的国旗和国歌宣传画,给人一种作为中国人的崇高感和责任感;周围挂上革命导师和名人的名言警句,如"为中华之崛起而读书","知识就是力量","教育要面向现代化,面向世界,面向未来"等,时时激励学生为之跃进、为之奋斗,感受到一种无形的精神力量。阅览室是学生自习和阅览课外读物的地方,他们在这里消化名师课堂上讲授的内容,阅读与专业有关的图书,开阔自己的知识视野,思考学术上的独到见解。把阅览室设计成一个个相对隔开的区域,再配以良好的照明,有利于学生在这样一个安静的环境中实现自己的学习目标。

第四,公共场所的室外设计。

学校公共场所的室外设计,包括升国旗的广场、绿地、道路、操场等,要根据其用途作出恰当的设计,达到环境育人的目的。如升国旗的位置设计,应该把旗杆的位置放在突出和醒目的地方,周围有相对宽阔的广场,这样才能适应升国旗时那种庄严肃穆的气氛,才能使学生从中受到深刻的爱国主义教育。绿地的设计不仅仅是植上草就可以了,还要讲究一些配置,包括草的品种搭配,考虑到学校的地理位置对草生长的影响,返青期与枯黄期的衔接等;草与花的搭配,讲究一种协调和对比;草本与木本的搭配,要错落有致,科学合理。宿舍区的乔木要高大遮阳又不影响采光;休闲区的乔木讲究的是一种造型,并不要求高大;道路两旁的绿化树木既要讲究遮阳,又讲究造型。在可能的情况下,绿地上再配以通幽的曲径,更成为一种休闲和学习的好去处。这样的校园环境,既减少了污染,降低了噪音,又净化了空气,使师生置身其中顿感一种身心的放松,疲劳的缓解,心情的调节。陕西师大在这方面更是独树一帜,学校在绿地中间建起了苗桃园,寓意着教师职业和桃李满天下联系在一起;挨着苗桃园,建起了一个碑林,遴选了历代书法名家的作品,让人在身心放松的同时,体会到一种更高境界的艺术享受;在碑林旁边,建起了一个纯属休闲性质的"磊乐园"。绿地的小路两旁,放置了众多具有地质研究价值的石头，并在上面用文字表明形状、颜色各异的石头的地质特征。这就构成了一种别致的自然景观，成为普及地质知识的露天博物馆，使人们身心的放松与精神的陶冶自然地同时达到。造型别致的标语牌，是校园里又一道特殊的人文风景线，它对学生的影响持久而又深远。河南师大在教学区设置了两个醒目的标语牌："学高为师，德高为范"，"跨入师大校门，学高身正为本；迈出校门一步，肩负师大荣辱"；在生活区挂起了"学校无小事，事事是教育；教师无小节，处处是楷模"的标牌。这些标语牌平时无声无息，但对学生潜移默化的熏陶却是长久的。在学校组织的几次征文比赛和演讲赛中，不少学生都谈到了这些标语牌对自己的警示和激励作用，成为约束自己和激发自己的外在力量，使自己时时意识到作为一个湖南师大人应该怎么做。还有许多学校把校训镌刻在大门旁的墙壁上，把反映学校整体要求的内容用简洁的标语体现出来，对师生起到一种警示和激励作用。这些确实是育人的好形式。

第五，学生寝室环境的营造。

学生寝室环境的营造是校园物质文化环境建设的重要组成部分，因为学生在校的三分之一以上时间是在寝室度过的。寝室的功能并不仅仅限于学生休息，它还是学生进行各方面交流的经常性居所，具有生活与娱乐、社会交往、业余学习等功能，在学生形成正确人生观、行为方式和恰当处理人际关系等方面具有不可低估的作用。重视不重视寝室文化环境建设，会直接导致两种截然相反的结果。许多学校已经在学生寝室环境管理实践中积累了大量正面的经验和反面的教训，不能不引起学生管理者的高度重视。

总之，校园物质文化不仅是整个校园文化系统中的一部分，就其本身来说也是一个系统工程，需要高度重视，精心设计和建设，使其与精神文化、制度文化、行为文化建设一起形成合力，为培养学生具有高尚的品德和完美人格而发挥其应有的作用。

第五节 校园网络文化建设

一、校园网络文化的含义和功能

（一）校园网络文化含义

校园网络文化是校园文化在网络环境下的一种新的文化形态，是与社会网络文化和传统校园文化相结合而产生的一种亚文化。它是以校园数字化信息为基本形态，以校园为中心的地域性文化，其内涵包括网络物质文化、网络精神文化、网络制度文化和网络行为文化等。网络物质文化是指以计算机、网络、虚拟现实等构成的网络环境体现出的文化形态；网络精神文化是校园网络文化的核心，是学校文化和学校精神的精华显现，主要包括网络内容及其影响下的师生员工的价值取向、思维方式等；网络制度文化包括与网络有关的各种规章制度、组织方式等；网络行为文化是学校网络人在网络活动中长期形成的网络行为习惯，是道德认识、道德情感、道德信念在网络面前的外在体现，也是网络精神文化与网络管理制度相结合、用制度规范着人们的网络行为的外在体现，反映了网络行为人的价值观。

（二）校园网络文化的特征

虽然校园网络文化是网络文化的重要组成部分，但它立足于校园文化环境，与一般网络文化和传统校园文化有很大的不同。从校园文化建设的角度来说，校园网络文化主要有以下特征：

第一，校园网络文化的形象性特征。校园网络上的内容集图像、声音、文字等互为一体，图文并茂、声情融汇。校园网络文化是对网络的多媒体和虚拟现实技术的运用，严肃性和生动性紧密结合，增强了校园文化的渗透效果，特别是虚拟现实技术的运用，充分调动了说、视、听、触觉，再现生活场景，较好地实现了角色扮演或体会，对青少年学生实现了"随风潜入夜，润物细无声"的影响效果。

第二，网络的交互性特征。网络的交互性使校园网络文化条件下青少年学生获取知识的方式，由传统的以讲授为主的单向方式改变为双向互动的方式，学生不仅可以主动获取自己所需要的各种信息，而且可以成为信息的发布者、评论者或反馈人，自由参与网上的交流与活动，从而使青少年学生的主体地位得到了体现。网络平台之上，知识的学习不再分先后，教育者掌握的文化知识在网络上能被青少年学生平等地享用，而且学生能通过网络掌握教育者没掌握的很多知识，并有可能成为某方面的权威。在网络环境下，教育者指导青少年学生主动学习、实践，或者师生共同学习和实践，这种方式有利于吸引青少年学生的注意力，提高他们参与的积极性，增强学习效果。

第三，校园网络文化反映问题的及时性。疏通学生思想，稳定学生情绪，及时发现问题并迅速解决，是校园文化建设工作的重要内容。网络为学校教育提供了一种及时便捷的预警装置。当网上的某一话题引起很多人参与，越来越多的人发表情绪化的意见，甚至有人通过网络提出过激的行为要求，这些表现都是存在问题的信号，标志着问题的出现与事态发展。与现实世界相比，网络中发表言论、抒发感受更直接、更安全，现实中的一切不满和内心深处各种欲念都可以在网络中无所顾忌地表达，这既是一种意见表达，也是一种情绪宣泄。有经验的教育者一定会给予充分的关注，从中发现问题，把握事态，迅速做出反应，使问题解决在萌芽状态。

第四，接受和使用网络的范围广泛性。因特网是一个全球性信息资源共享的网络。据有关资料显示，在校园中，接受和使用网络的范围正在迅速扩大。网络信息影响范围大，辐射面广，冲击力强。如果学校能借助迅速扩散的信息网络开展校园文化建设工作，开展德育教育，那么校园网络文化建设就会取得良好的效果。

第五，网络资源良莠不齐给校园网络文化带来消极影响。网络资源在内容上，既有有利于青少年健康成长的部分，也有着诱惑和陷阱。作为新兴的文化形态，网络文化是一把双刃剑。网络资源良莠不齐的现象在一定程度上侵蚀了学生的心灵，给学生的价值观的形成带来了消极影响，弱化了校园文化的应有作用。抵御网络文化的消极影响，就必须建设健康向上的校园网络文化。

（三）校园网络文化与校园文化的关系

在网络环境下，网络文化与校园文化融合而产生了一种新型的校园网络文化，是校园文化的重要组成部分。探讨校园文化建设必须梳理校园文化与校园网络文化的关系。

1. 校园网络文化得以形成的基础是校园文化

校园文化以师生为主体，以各种校园文化活动为主要内容，以校园为主要基地，是具有本校特色的精神环境和文化氛围。而校园网络文化得以形成的基础是校园文化，主要表现为：

首先，校园网络文化内容是传统校园文化的表现。校园网络文化是在校园网络环境下产生的一种新的文化形态，在内容上它自然而然地反映了校园文化和校园精神文明的建设成果，是传统校园文化在网络环境中的体现。

其次，校园网络文化包含的网络物质文化、网络精神文化、网络制度文化和网络行为文化，都会受到校园环境尤其是校园文化的制约。学校对校园网络的投资和关注会直接影响到校园网络物质文化水平和网络制度文化的完善度，校园文化的自身特色又会影响到校园网络精神文化的特色，而校园文化对校园网络文化的监督使其在舆论底线上具有一致性，最终会影响到学生网络行为的价值取向。

2. 校园网络文化是校园文化的丰富和发展

校园网络文化的传播突破了传统校园文化的空间和时间限制。传统的校园文化主要通过教学活动、社团活动、专题报告、讲座等形式进行传播，对象一般是校内的师生。这就影响了其传播的速度、广度和深度。而当前校园网络文化的兴起，学校的教学活动、专题报告、讲座等内容可以生动地再现于网络媒体，个人可以根据自己的爱好和兴趣，有选择地观看，大大促进了校园文化的传播，提高了校园文化的影响力，实现了校园文化的跨时空交流。

校园网络文化使校园文化与社会文化的交流空前增多，促进了校园文化的发展。在传统的校园文化条件下，学生与社会直接接触是有限的。由于受到区域性限制，学生对校园外社会的感知依赖于报纸、广播、电视等传统媒体，而这些媒体对于信息的传播都是单向的，这就影响了广大学生对知识和信息的获取以及同外界的交流。以网络为基础而形成的校园网络文化，使校园文化与社会文化的交流空前增多。借助网络，校外网民可以方便地登录校园网，获得知识和信息，直接参与网上交流活动。同时，校内学生也可以方便地登录校外网站这种方便的、大规模的文化共享活动只有在网络化时代才能实现。可见，校园网络文化使学生由被动接受外来信息转变为主动选择信息，从而促进了学生的个性化发展。"他们利用网络同外界进行多方面的交流，获取大量的信息和知识，有效弥补了传统校园文化同社会其他文化存在的真空地带，丰富了校园文化，为校园文化注入了浓郁的时代气息，使校园文化和其他社会文化保持同步"。

3. 校园网络文化是校园文化联系社会文化的纽带

校园网络文化促使校园文化的社会化日益加强。尽管校园文化与校外社会文化有着千丝万缕的联系，但因校园"围墙"的隔离，校园文化又具有相对独立性。然而，当前校园网络的发展、校园网络文化的兴起，使校园文化与社会文化的这种关系发生了变化。这主要表现为两方面：一方面，社会文化对校园文化的影响和渗透空前加大。校园网上许多文章或者视频都是"转贴"于纸质媒体或社会网站的。这种新的校园文化传播的形式，已经影响到青少年学生的生活方式、学习方式甚至语言表达方式等。可见，网络环境下社会文化对校园文化影响和渗透的速度、广度、深度都在空前加大。另一方面，校园文化对社会文化的影响范围也不断扩大。"校园网与互联网实现连接本身就是校园文化通过网线走向社会的一种标志。校外网站及媒体对校园网文章的转发、网上文化交流等都是校园文化走向社会的表现形式"。校园网络文化在一定程度上扩大了校园文化的影响范围和渗透空间，这种新传播方式在对传统校园文化产生重大影响的同时，也把校园文化传向了校园外更远的地方。

4. 校园网络文化的消极影响受到校园文化的制约

有资料证明，网络文化的负面影响正危害着校园文化的发展。研究表明："在网络成瘾的规模和分布方面，网瘾未成年人约占未成年人网民的6.8%"。青少年学生沉迷于网络，不愿意或很少学习学校规定的系统文化知识。另外，大量的网上不良信息对青少年思想道德、学习、生活，乃至校园精神文明建设及教书育人活动带来严重的干扰和破坏。

校园文化是一定区域的亚文化，能够较好地制约校园网络文化的消极影响。校园文化集中体现着全体成员共同的扬真善美、弃假丑恶的是非观，与主流意识形态相一致的世界观和价值观等，它像一根无形的纽带联结着全体成员。其长期形成的传统风气，如积极向上的学风，求真务实的工作作风，实际上都是一种潜在的鼓励青少年学生团结进取的精神力量。而网络文化所表现的思想内容常常因未经选择而鱼龙混杂，充满着各种各样的矛盾，先进思想与落后思想、积极观点与消极论调、对真善美的追求与对假恶丑的妥协等都混杂其中，常常使青少年学生无所适从。信息质量的良莠难辨，对青少年学生的影响也是积极与消极并存。在网络文化基础上形成的校园网络文化也具有网络文化的某些消极性特征，会对青少年学生产生消极影响。校园文化能够根据青少年学生身心发展的规律，对他们进行系统的思想灌输、审美教育和价值观的培养。校园文化的这种教育优势，使它能对校园网络文化的消极影响起着抑制作用，有利于青少年学生形成科学的人生观、世界观和价值观，并且可以使他们在形成一定的观念、相应的行为习惯后，能够对网络文化的内容有所选择、有所抵制。

（四）校园网络文化的功能

从学校教育的角度来看，校园网络文化的功能与学校的育人功能是一致的，其基本点就是培养德、智、体全面发展的社会主义事业的建设者和接班人。

我们以为这一功能主要体现在以下方面：

1. 校园网络文化促进了青少年学生的全面发展

人的全面发展理论，是马克思主义人学思想的重要内容。马克思主义认为，人的全面发展最根本的是指人的劳动能力的全面发展，即人的智力和体力的充分、统一的发展，同时也包括人的才能、志趣和道德品质的多方面发展。人的全面发展问题是社会发展的根本问题，是基于对人类发展前景的科学预测而得出的重要结论。通过考察校园网络文化和传统校园文化的教育功能，我们可以发现，校园网络文化更有利于促进青少年学生的全面发展。这是因为：

第一，校园网络文化能够使教育者更加注重培养青少年学生的综合素质。校园网络文化在教育功能上有着与传统校园文化截然不同的功能。传统校园文化教育观较为注重青少年学生的一般智能和技术的价值实现，而忽视了以创新为核心的全面素质的培养。校园网络文化要求把人的自由、和谐、全面发展和创新能力作为教育的终极目的。学校"应不失时机地利用网络的虚拟性特征提供的广大的文化空间，培养学生的想象力和创造力；利用网络的交互性特点所具有的实时交互操作方式，培养学生人际交往能力和信息资源生产能力，以提高信息消费与生产的素质;利用网络的开放性特征,提高学生及时获取大量有效信息的能力;利用网络自由性特征带来的文化行为自由,培养学生的网上自律意识,从而使学生的全面素质得到提高"。因此,充分利用网络文化的优势特征,积极推进以创新为核心的全面素质教育,是校园网络文化时代学校教育的使命。

第二,校园网络文化的建设改变了传统校园文化下师生之间交流沟通的途径,丰富了青少年学生认知的手段,开拓了青少年学生全面发展的新方式。校园网络的建设,使校园网络成为获取各类知识信息资源的宝库,也为师生之间架起了一座新型的桥梁。师生通过网络可直接便捷地沟通,使教育者既能够及时听取学生反映的信息,掌握他们的思想动态,也可以通过网络进行释疑、解惑、传道授业;学生也可以通过网络自由选择点击名师和品牌课程,进行知识获取、学术探讨、思想交流。通过这种信息交流,使学生能够及时高效地了解社会信息、校园信息,从而充分利用最新的信息资源,达到学习、教育的最优化。

第三,校园网络文化的兴起改变了传统校园文化下青少年学生成长的途径,促进了他们社会化水平的提高。校园网络文化为青少年学生提供了广阔的社会交往空间,使他们的社会化过程得到了空前的延伸和拓展,有利于他们提高社会化水平。社会化是指人在特定的社会与文化环境中,个体通过与社会的交互作用,理解和认同社会规范和制度,培养自己的社会角色,树立正确的世界观、人生观和价值观,从而成为能够履行一定社会角色行为的过程。在互联网普及基础上兴起的校园网络文化以其特有的方式,为青少年学生提供了一种认识和把握事物的新途径,显著地拓宽了青少年学生的生活空间和交流范围。他们通过互联网方便快捷地了解社会,学习到书本以外的社会知识,使知识面更加扩大,与社会的接轨度更高。同时,校园网络文化有利于促进学生更好地融入社会、担当社会角色。学生社会化的最终目标就是使学生成为符合社会要求的社会成员,能够在社会生活中担负起一定的社会角色。但是现有的学校教育显然无法为每个学生提供条件去实践和学习全部社会角色。校园网络文化的兴起,其特有的"虚拟环境"为学生提供了在步入社会前进行角色实践的绝好场所,他们在"虚拟环境"中进行各种各样角色转换和演习,把自己扮演成不同的角色,并不断变换和尝试,从中领会到不同角色的社会需求和应尽的责任义务,为成功实现社会化、扮演社会角色打下坚实的基础。

2.校园网络文化有利于学校通过校园文化充分发挥其教育功能

校园网络文化对学校教育的影响是多方面的,我们认为以下方面是校园网络文化影响学校教育的主要体现:

第一,校园网络文化放大了学校的育人功能。育人功能是学校的最根本功能,也是校园文化最根本的功能;校园网络文化放大了学校的育人功能。学校的校园文化凝聚着社会、民族文化的精华，它的影响无处不在，校园人置身其中，感受到校园文化对其心理、思想、行为的影响。优秀的校园文化通过一定的文化氛围、精神环境，使生活在其中的每一个人都受到教育和熏陶，以其寓教于乐、潜移默化的特点，影响校园人的思想观念、行为习惯的形成，从而实现对人的精神、心灵及性格的美化与净化。校园网络文化通过其自身特有的形象性、交互性、及时性、传播的广泛性等特征使校园文化的呈现形式多样化、形象化，深化了学校的文化底蕴，使其影响的范围扩大，甚至会随着校园网络的传播跃出了校园，受教育者的人数会随之增加，从而放大了学校的育人功能。

第二，校园网络文化拓展了校园文化的导向功能。校园文化的导向功能是指学校通过自身各种文化要素集中、一致的作用，引导学生主动接受一定的价值观和行为准则，使他们向着社会所期望的方向发展。它是以一定的社会要求和价值观念为指导，依据教育目的，对开放的社会文化进行分析、精心挑选、整理改造，体现国家和社会对年青一代成长、发展的期望。这种校园文化是青少年学生形成健全人格和高尚品质的内在动力，使青少年学生树立正确的世界观、人生观、价值观，进一步明确学习目的，实现德、智、体全面发展，积极适应社会的新要求，成为社会有用人才。而校园网络文化的兴起，拓展了校园文化的导向功能，成为弘扬校园文化的重要阵地。它把校园文化潜在的、抽象的、理性的价值取向以生动具体、发人深省的方式直观地表现出来，或者采用互动、学生主动参与的方式，严肃且活泼地给学生以教育。只有校园网络文化，才能最大化地发挥校园文化的导向功能，使学生形成正确的世界观、人生观、价值观的教育预期落到实处，真正实现学校教育的有效性。

第三，校园网络文化大大延伸了学校教育的辐射功能。

学校教育的辐射功能主要表现在两个方面：一是校际间的辐射，二是学校教育向社会的辐射。校际间的辐射主要是通过学校之间的学术、文化、信息交流来实现。现在学校之间实施的互相选课、互聘教师等措施，以及开展的校际文体活动，使各校校园文化实现优势互补、特色互补，实现校际之间教育活动的辐射。学校教育向社会的辐射，主要是生长在特定校园环境中的人才和科技成果等，直入社会，直接推动社会发展的进程。

校园网络文化的大发展，无论是在学校教育的校际间辐射中，还是向社会的辐射中，都大大延伸了学校教育的辐射功能。学校之间的学术、文化、信息交流的方式越来越离不开互联网、校园网络文化，甚至于在校园网内去听哈佛的课也有可能。同样，学校教育向社会的辐射也离不开校园网络文化。学校向社会输送的精神产品或者人才常常以校园网为平台，总是带有校园网络文化的影子。

3. 校园网络文化时代的到来促使教育者转变角色

对教育者来说,适应网络文化时代的需要才能更好地融入校园网络文化之中,积极参与校园网络文化建设,使网络成为师生之间沟通的桥梁,以实现教育实效性的最大化。这种角色的转变既是教育者自身发展的需要,也是教育发展的需要,更是学生成才的必需。

第一,学习者的角色:认识到自己的不足,树立终身学习的理念。随着校园网络文化的兴起,教育者必须适时地实现学习者的角色转变,树立不断学习的理念,不断地补充新知识,才能游刃有余地迎接校园网络文化时代的到来。"教师要给学生一碗水,自己要有一桶水"的教育观念一直得到大家的认可。在信息高速发展和校园网络文化兴起的今天,教育者的"一桶水"已经远远不够,也可能已经过时,这就需要教育者随着时代的变化而不断更新知识,需要成为随要随有的"自来水",成为"生生不息的河流"。当前我们不得不面对的现实是:在网络面前教育者经常会感到自己与学生处于同一起跑线上,自身也意识到了自己的知识结构单一、知识面狭窄、脱离生活实际等问题。因此,每位教育者都要认识到自己的不足,不断学习,树立终身学习的信念,适时地增加学习者这一新角色,跟上时代的发展。教育者唯有如此才能把握住学生,更好地实现教育的应有功能。

第二,指导者的角色:建立民主平等的师生关系。以建立民主平等的师生关系为目标,实现教育者为指导者的角色,应该具有两层含义:一是引领青少年学生的思想政治方向和道德价值取向;二是成为青少年学生学习活动的参与者、组织者。其中,前者是后者的基础和方向,后者是前者的实现途径,是建立民主平等师生关系的外在手段。

校园网络文化条件下,教育者既要传播真理,更要重视传播追求真理的精神和方法。对于传统的学校教育而言,学生获取知识的主要来源是教育者的讲解和教科书的学习,这种学习方法大大限制了知识传播的实效,形成了"唯师是从"的传统师生关系和"以教师为中心"的权威教育。但在资源丰富的信息网络中,网络为学生提供了取之不尽、用之不竭的信息,学生可以完全自主地利用网络资源,根据自身的需要在网络中寻找、吸收利用信息,进行自主的学习。因此,网络为学生提供了一个可以大胆尝试、不断开拓的平台。学生不仅是学习的主体,也是学习方式和内容的主动选择者和建构者。网络使得学生甚至可以学到许多教育者都不知道的东西,因而教育者原来在学生中那种"传道、授业、解惑"的形象大大下降,所以教师应该转变自身的认识。教育者的角色应是学生信息接收的指导者,不再是简单地"说教"或代表权威,而是要向学生提供"影响"和"引导"。也就是说,在网络文化背景下,教育者不能只是简单地告诉学生什么是正确或者不正确、应该怎么样或者不应该怎么样,要着力关注学生思想政治方向和道德价值取向,帮助学生提高用辩证唯物主义辨别、分析和解决问题的能力。在整个学习活动中教育者应该是组织者、参与者。教育者与学生建立一种相互尊重、相互信任的民主平等合作的师生关系是学习活动能否有效完成的关键。

由此可见，在青少年学生世界观、人生观和价值观形成的时期，教育者只有主动去引领青少年学生思想政治方向和道德价值观念取向，并积极主动地参与他们的学习活动之中，形成相互尊重、相互信任的民主平等合作的新型师生关系，对学生的学习和创新活动给予积极及时的指导，才能在类似事件中把握全局和方向。

第三，促进者的角色：促进青少年学生自主学习，向教育者自身挑战的一种新型角色。传统的"唯我独尊"、"师道至上"的教育观念，在网络文化大发展和普及的今天已难维护，教育者已处于被学生选择的地位。实践表明，只有那些知识结构新，教育观念新，注重建立相互尊重、相互信任的民主、平等、合作的师生关系的教育者才会受到青少年学生的欢迎。这就要求教育者必须从传授知识的角色向教育活动的促进者角色转变，向教育者自身挑战，促进青少年学生自主学习，帮助青少年学生进一步拓展他们想象力和创造力空间，更新他们的思维方式，使其创造力的发挥能够充分利用网络这一巨大的文化空间，让他们能够自己去实验、观察、探讨和体验，使他们的身心全部投入到学习活动中。教育者要能随时接受青少年学生的挑战，成为应战者、促进者的角色是校园网络文化对教育者提出的新要求。

二、校园网络文化建设

（一）校园网络文化建设过程中网络文化带来的挑战

校园网络文化是校园文化的一部分。网络中弘扬校园文化，保证社会主义主流价值观的优势地位，体现校园文化与先进文化、和谐文化的一致性，是校园网络文化建设的内容和方向。但网络文化给校园网络文化建设带来积极作用的同时，其负面影响给校园文化带来的冲击必须给予重视。越来越多的研究者开始关注这一问题。在已有的研究基础上，我们认为网络文化对校园网络文化建设带来的负面影响主要有以下方面：

1. 校园文化价值取向面临着网络文化的威胁

网络文化是一把双刃剑。它的虚拟性特征既激发了人的创造力，又使人产生了虚假的幻觉；其交互性特征既传播信息文明，又生产信息垃圾；其开放性特征既给人广阔自由，又带来失律失范。因此，校园文化价值取向正面临着网络文化的严重威胁与挑战。

第一，"文化殖民"的威胁。语言是特定文化的载体，是民族文化的标志。目前，国际互联网上使用的通用语言是英语，这有助于美国等西方国家对非英语国家尤其是发展中国家进行"文化侵略"，使非英语国家的民族文化沦为网络时代的边缘文化，随时都有被英语文化淹没或吞噬的危险。而当前我国在以应试教育为主导地位的前提下，学生的外语水平较大程度地停留在考试的基础上，抵御文化侵蚀的觉悟、能力尚不完全具备，以民族传统优秀文化为主导的校园文化价值取向正面临着严峻挑战。

第二，"信息霸权"的威胁。在网络时代，西方发达国家利用网络技术和网络设施上的绝对优势，在有限的时空中投放密集的信息容量，进行信息"轰炸"。面对密集的信息，青少年学生无法正确驾驭。如果教育者不及时提高信息素质，对青少年学生及时地引导教育，学生就将会成为西方文化信息的奴隶。

第三，"信息垃圾"的威胁。当网络给人类带来新的文化文明曙光的同时，网络信息垃圾和信息毒品亦同步而至。暴力、迷信、色情充斥网络，污言秽语比比皆是，网络垃圾泛滥成灾，不仅污染了校园网络文化环境，也威胁到了校园精神文明环境。

第四，"信息欺诈"的威胁。在网络中，利用计算机编辑和操纵信息，进行网上信息欺诈传播，比传统意义上的谣言惑众所造成的消极影响更大。互联网是供全世界阅读信息的一面大墙，一个虚假信息，瞬息之间将会使千万人难辨其真假，从而以假乱真、混淆视听。

网络对校园文化价值取向的威胁，是对校园精神文明建设的严峻挑战。当前校园文化的内容被强大的网络信息所"淹没"，且由于网络对学生有强大的吸引力，使学生把大量时间用于计算机网络，校园文化活动的参与次数逐步减少，这会直接影响着青少年学生的正确世界观、人生观、价值观的形成。如果不及时地给予应对，不积极地加强校园网络文化建设，就势必会影响校园文化的发展进程，最严重的后果就是会影响到教育的目的，会影响青少年学生分辨不清学习、成长是为谁服务的根本问题。

2. 教育对象的思想政治状况变得空前复杂

网络空间是一个信息宝库，同时又是一个信息垃圾场，它必将对作为教育对象的青少年学生的人生观、价值观、政治倾向等产生较大影响，使他们的思想政治状况变得空前复杂。

第一，网络文化造成西方文化对当代青少年学生理想信念教育的弱化。网络文化使西方拜金主义、享乐主义和垃圾文化随之而来，对我国传统文化和传统道德带来了巨大的冲击。由于青少年学生的人生观、世界观、价值观尚未完全形成，而且还具有认识片面、鉴别能力差、自我封闭、急功近利、贪图安逸等弱点，因此，很多学生面对网络不良文化的侵蚀，迷失了方向，丢弃了应有的理想信念教育，一味追崇西方文化，失去独立判断和选择的能力。

第二，网络文化对当代青少年学生网络道德意识的冲击。网络上的不道德行为主要有以下表现：有的学生为了寻求感观的刺激，在网络中浏览一些暴力、恐怖、色情等不良信息；部分学生在学习上投机取巧、弄虚作假，利用网络盗窃别人学术成果；有的学生在聊天室中散布不健康甚至反动言论；更有甚者把网络犯罪、黑客行为看作是一种能力。这些网络不道德行为，直接冲击着当代青少年学生的网络道德意识。

第三，网络文化冲击着当代青少年学生的社会化教育。一方面，校园网络文化的建设会积极促进青少年学生社会化水平的提高；另一方面，网络文化也会冲击当代青少年学生的社会化教育。对于当代青少年学生来说，现实中的很多被压抑的情感可以借助网络这个媒体肆意地发泄。他们可以在聊天室里不动声色地"呼风唤雨"，在BBS中从容不迫、不负责任地说三道四、肆意谩骂。虽然互联网在一定程度上有助于青少年学生缓解压力、交流感情、平衡心理，但由于他们适应了在网络上自由地宣泄情感，在现实生活中变得不会与人相处，找不到知心朋友，也就不会轻易袒露自己的心声，甚至不愿意与活生生的人进行情感交流，以至于在现实生活中变得沉默寡言、不善言谈，呈现出一副冷漠的状态。由此可见，在一定程度上，互联网使人不敢面对现实情感，把人变成了只会和计算机交流的"机器"。长此以往，学生将会丧失人性化的生机，形成消极的处世态度，会阻碍学生的社会化教育，有悖于学生整体素质的提高。

网络对于校园文化，犹如水能载舟，亦能覆舟。当我们好好利用它时，它承载、支持着学校校园文化建设；当利用不当或管理滞后时，它会对校园文化建设带来负面影响。作为教育者，我们应该认清网络对青少年学生思想的严重危害，结合青少年学生求新、求异、求特等特点，积极探索研究适应当今网络文化的新型德育教育方法，使学生能够真正认识到网络不良信息的危害，自觉遵守网络道德，维护网络秩序，正确利用网络资源，积极主动地学习，把自己培养成为合格的社会主义建设者和接班人。

3. 对教育者来说，网络淡化了思想政治教育功能

思想政治教育功能最基本的表现应该是培养学生成为德、智、体、美、劳全面发展的合格的社会主义建设者和接班人。实践证明，健康的校园文化能在思想政治教育中增强教育效果，为学生的全面发展发挥独特的不可替代的作用。校园网络的建设，使得网络成为校园的一种无处不在的载体，渗透到了学校工作、青少年学生学习和生活的各个方面，从而形成了一种独特的校园网络文化现象。网络进入青少年学生的生活，在一定程度上改变了他们的学习方式甚至生活方式。许多学生的课余兴趣从丰富多彩的校园文化活动逐渐被吸引、转移到网络虚拟世

界中。再加上在校园网的建设过程中，往往是先硬件建设，后软件建设，重视技术支持和信息服务，而相对忽视了精神文化的建设，从而削弱了校园文化的思想政治教育功能。另外，许多学校在校园网建设过程中，已经出现了学生的学习成绩下降、甚至产生厌学情绪离开校园等现象。因此，校园网的教育功能不但没能被加强，反而在一定程度上淡化了思想政治教育功能。

（二）校园网络文化建设的可能性

毫无疑问，学校教育在青少年学生成才的过程中具有主导作用，担负着培养青少年学生获得知识技能、陶冶思想品德、发展智力和体力的主要责任。

第一，学校教育具有的有目的性、有计划性、有组织性等特性，在一个人成长成才的过程中起到重要作用。学校教育"是根据一定社会的现实和未来的需要，遵循年轻一代身心发展的规律，有目的、有计划、有组织地引导受教育者获得知识技能，陶冶思想品德，发展智力和体力的一种活动，以便把受教育者培养成为适应一定社会（或一定阶级）的需要和促进社会发展的人"①。现代心理学也认为，个人形成品德的过程，主要通过两个阶段的实践活动。一方面，家庭和社会环境的影响，对儿童、青少年的早期思想、品德的发展尤其有潜移默化的作用；另一方面，儿童进入学校接受系统的教育，从中学到高等教育阶段是世界观、人生观、价值观形成的关键时期，学校教育作为一种有目的、有组织的自觉能动的力量，对学生的成长、成才的影响超过了家庭，甚至社会环境的影响。可见，学校教育的有目的性、有计划性、有组织性等特性，使学校能够培养青少年学生的科学道德观和优良品质，有能力帮助青少年学生具备针对网络负面影响的"免疫力"，正确地面对网络问题。

第二，青少年学生的大部分时间在学校中度过，接受学校教育。中学至高等教育阶段，青少年学生身体的各方面都在迅速发育并达到成熟，个性心理表现出丰富和稳定的特征，自我意识高度发展，尤其在高等教育阶段，世界观、人生观和价值观已初步形成。学生除节假日外，每一天大部分时间都在学校里接受教育，有利于实现学校教育具有的有目的性、有计划性、有组织性特征。这就是说，青少年学生的知识技能、思想政治素质和道德品质的养成，和在学校接受的教育有直接的关系。

第三，在学校教育中，学校的管理和教育者的教育教学活动对青少年学生的成长、成才发挥重要作用。学校管理部门对校园网络文化进行依法管理和行政管理。依法管理主要指学校管理部门对校园网的管理和建设要严格遵守国家关于网络管理的法律规定；行政管理主要指学校自身在校园网建设中要从学校的实际出发，结合教育教学特点和青少年学生的身心特点，制定可行的网络管理规章制度，使校园网的管理运行有章可循，从而运用法律政策和行政管理手段，减少校园网络的不文明现象。学校管理部门和教育者的构成应该是多层面的：既有专家，又有校院领导；既有职能部门负责人，又有学生工作辅导员；既有其他学科教师，也有思政课教师。这支队伍人人都能够建立自己的网页，通过参与论坛、聊天室、BBS等栏目，与学生以平等的身份进行自由自主地交流。这样一支队伍，既有专家及时传播学科前沿信息，又有校院领导进行正确舆论引导；既有职能部门管理规章制度及政策的解释，又有骨干教师的答疑解惑；等等。因此，一支强有力的网络文化队伍，是校园网络文化向深层发展、高品位发展的重要保障。良好的管理和科学的教育活动使学生以正确的道德观念来约束自己，有助于学生正确地面对网络文化。同时，青少年学生成长成才的身心发展特性也要求建设健康文明的校园网络文化。

第一，青少年学生道德观念和道德行为的可塑性，使教育者能够积极应对网络文化的挑战，建设健康文明的校园网络文化。

现代心理学研究表明，青少年时期是人的世界观、人生观和价值观形成的重要时期，是道德品质形成的重要时期。他们在"初中阶段，个体身体发育处于鼎盛时期及成熟时期"；"生理上的成熟使初中生在心理上产生成人感，然而，由于他们的心理水平有限，有许多期望不能实现，从而易导致产生挫折感"。在高等教育阶段，大学生生理发展的特点是接近于成熟或基本成熟，但是其"心理成熟落后于生理成熟，认识能力落后于活动能力，自制能力虽有一定发展，但水平还不够高。因此会产生一系列的矛盾，引起某些心理冲突，如独立自主与遵守纪律的矛盾；面向未来、勇往直前与脚踏实地、脱离现实的矛盾；等等"。由此可见，青少年学生在整个成长的过程中，心理是一步一步地成熟，到高等教育结束阶段才达到较高的水平。或者说，在整个中学阶段包括高等教育阶段，青少年学生都处在快速成长的过程中，其道德观念的形成具有可塑性。教育者对青少年学生的正确引导，正面应对网络文化的挑战，能够塑造青少年学生科学的世界观、人生观和价值观。

第二，建设健康文明的校园网络文化符合青少年学生的根本利益，有利于他们的健康成长，能够得到他们的理解、支持和欢迎。在网络环境下，青少年学生的成长受到了消极影响的同时，健康文明的网络文化也给青少年学生的成长带来了机遇。我们看到，青少年学生的视野更开阔，他们通过网络自由地抒发自己的理想，无拘无束地浏览自己感兴趣的信息，充分表现自己的本性，使个体的自我尊重得到较好的满足，从而充分展示了自己的个性。在这里，青少年学生往往能展开想象的翅膀，在无限的时空中翱翔，使其心理处于最佳状态。这时，他们不仅能够凭借网络技术获得大量新知识，而且能够按最优化的思路对获取的知识以创造性的优化组合和匹配，从而积极地促进了青少年学生想象力的发挥，培养和发展了创造能力。由此看来，建设健康文明的校园网络文化，为网络环境下青少年学生的健康成长提供了较好的外部环境，必然会得到青少年学生的倡导、支持和积极响应。

（三）建设校园网络文化必须解决的重要问题

网络文化是文化发展进步的新形态、新趋势，而校园网络文化是校园文化革新的新表征。因此，不能因为网络文化的种种弊端就忽视、回避，甚至否定网络文化的存在，而是要以积极的姿态应对挑战。消除网络文化带来的消极影响就是要建设健康文明的校园网络文化。健康文明的校园网络文化是青少年学生健康成长的需要，是全社会发展的需要，也是建设社会主义先进文化、和谐文化提出的必然要求。

1. 加强校园网建设

校园网是校园网络文化得以存在的基础，没有校园网就没有校园网络文化。加强校园网建设是校园网络文化建设的重点内容。

第一，确定校园网站的主要内容。近年来，各级各类学校都十分关注校园网站的建设，各种类型的校园网站日益丰富。我们认为，适应当代校园网络文化发展的校园网站应由以下内容构成：新闻频道。用以校内外信息发布。教师园地。用以关注教师成长，服务于本校教师。艺术和科技天地。将艺术和科技引入校园网站，师生可以通过网络了解科技发展前沿，同时可以提高师生的艺术品位。校园生活。为师生交流校园生活、教学中的信息提供平台。心灵驿站。为教师和学生提供心理沟通的场所，可进行网上心理咨询。青少年学生正处于青春期和人生转折期，学习压力大，心理负担重，容易出现一些困惑并造成心理上的障碍，需要及时沟通疏导。教师也可在这里大胆诉说自己遇到的问题，寻求帮助。家校直通车。通过这一途径，家长能够关注教育，关注学校，及时了解学校和自己孩子的表现情况，从而畅通了家校联系的渠道。校企合作。这一部分包括与相关企业的友好链接、发布企业就业信息、已就业学生的跟踪调查、典型事例的宣传等。

第二，当前校园网站建设的不足。当前，校园网的发展很不平衡，有的刚刚起步，有的初具规模；有的良性运作，为校园信息化做出了很大成绩；有的运作不良，管理不善，没有真正发挥校园网络文化的功用。因此，加强校园网络文化工程建设，使校园网络文化步入积极健康的轨道，依然是校园精神文明建设的当务之急。在校园网络文化建设中，相对于硬件建设来说，软件建设较为落后。因此，大力开发有利于网络文化健康发展的中文软件，是刻不容缓的事。时下校园网络文化在软件开发制作方面仍然处于弱势，多数尚是空白。如果开发不出一定数量的集思想性、知识性、教育性、艺术性和易操作性于一体的相关中文软件，那么，占领网络文化阵地、建设校园网络文化就是一句空话。因此，加大中文软件开发力度，打破因特网以英文为主的信息霸权局面，是校园网络文化建设中的一项艰巨任务。

另外，校园网内容的建设也存在"软硬"不同的状况。有些内容如校内信息发布、新闻发布、校园BBS、学生管理、校园生活等内容很健全，但有的内容如教师专栏模块内容较少，师生心理健康咨询模块内容不是很健全，家校直通车方面的模块多处于缺失状态。而这些方面较少或缺失的内容恰是学生成长中非常需要的。单就心理健康咨询来说，有些学校缺失或者很少，不能满足学生的要求。

第三，加强校园网的有效管理。具体说来，有效的校园网管理应包括以下内容：校园网络管理的制度化。校园网络管理中心要制定师生网络行为的准则，强化网络管理，规范学生的上网行为。结合国务院颁布的《互联网信息服务管理办法》《计算机信息网络国际互联网安全保护管理办法》《中华人民共和国计算机信息网络国际互联网管理暂行规定》等法律法规，参照《学生上网管理规定》《中国互联网行业自律公约》及校规校纪，制定切实可行的校园网络管理规章制度，为广大师生提供一个良好的网上生活空间，营造健康向上的校园网络文化氛围。建立健全网络安全防范机制。根据国家互联网管理的有关规定进行校园网站登记、备案，落实用户实名登记制度以及网络论坛用户实名注册制度，充分发挥校园网络安全防护、信息过滤、信息检测跟踪等技术防控系统的作用，建立校园网络媒体突发事件应急预案。加强校园网络信息的实时监控。网络管理部门应切实加强对网络信息的实时监控，在学校网络服务器上安装必要的防火墙软件，利用技术手段对网上传播的黄色、暴力、反动、迷信、民族歧视、诽谤祖国等信息进行有效地阻止和过滤，对网上发表言过其实的言论、散布虚假信息、进行人身攻击、甚至污蔑社会等不健康的内容要及时进行清理。对于校园网上的BBS论坛，在加强监管的同时，更要注重正确引导，使青少年学生正确地认识人生、社会，努力使校园网成为文明宽松的交流空间。

2. 建立一支高素质的教育者队伍

建设健康文明的校园网络文化应该重视建设一支高素质的教育者队伍，建立起信息沟通的有效渠道和思想言论的发布平台，疏通、引导正确的舆论方向。这支队伍应具备的能力至少有：

第一，平等沟通能力。具体说来，这种平等沟通的能力应包括以下方面：

首先，教育者树立新的师生观，具备师生之间搭起平等沟通的平台的能力。在网络文化信息的传播中，交流的双方或多方是平等的，网络信息的接受也没有强制性，使得个人能够自主地选择和吸纳信息，从而弱化了个体对他人权威的盲从。如果教育者仍然停留在传统的模式中，习惯性地将学生定位为教育客体，采用居高临下的说教和训导的方式，那么，学生完全可能采用拒绝交流、逆反背叛的态度和方式。因此，教育者必须树立新师生观的理念，给学生搭起与自己平等对话的平台。

其次，教育者要尊重青少年学生的平等话语权，有倾听他们诉说的能力和充分理解他们的能力。网络文化为青少年学生提供了新的平等的话语空间，赋予了他们自我表达的权利。教育者必须将灌输性的、说教式的教育方式转变为启发式、参与互动式的教育方式；应做到尊重学生的平等话语权，能够倾听学生的诉说，充分理解学生。

再次，教育者要有引导学生参与讨论问题的能力。教育者的引导能力表现为引导学生讨论话题的方向，引导学生就某一问题讨论、交流思想，要有能力提出交流的主题，以健康向上的正题压倒不良话题；要以国内外形势、国内外发生的重大事件、社会热点、突发新闻、学校重大改革举措、学生个人发展等话题吸引学生的注意力。在交流中，教育者要有能力加以引导，更要让学生自我醒悟、自我教育。

最后，教育者要具有理解网络语言，并进行相应语言表达的能力。思想的交流需要共同的语言表达做基础。当前网络文化中兴起的网络语言，不仅有众多的新词和符号，而且在语言风格上更轻松、更诙谐，在表达手段上趋向于多媒体化。教育者要能够理解网络语言，也要有能力进行相应的表达，以缩短师生之间的心理距离，增强亲和力和说服力。

第二，思想政治教育能力。网络文化使青少年学生的思维方式更加多元化、复杂化和个性化，这使不少人的思想政治意识、民族意识、主流文化意识逐渐淡漠起来。如果没有一支懂网络技术的队伍以新观念、新技术迎接信息量庞大、内容虚拟、传播自由及时的网络文化，光靠传统的思想政治工作方法、手段，思想政治教育这块阵地将很难守住。网络文化背景下，教育者要着力培养学生的是非能力，正确认识和辨别真善美和假丑恶，学会正确地观察和分析各种事物，以正确的观念和批判的精神对待网络信息。网络不良信息常常侵害青少年学生，是他们不良行为甚至是违法犯罪行为的诱因。

第三，教育者应具有培养青少年学生道德判断力的能力。培养学生的道德判断力就是要唤起青少年学生的道德责任感，对网络文化的具体现象进行道德反思，明确网络道德行为和不道德行为的界限，引导学生回归生活，促进他们个体自律能力的提高，以主体意识进行自我控制和自我调适。当前，在网络世界里，道德对青少年学生的控制力大大减弱，再加之商业动机驱动下的游戏、情色、赌博等网络内容更是容易消解学生的道德感。教育者要有能力唤起学生的道德感，培养他们的道德判断力，使之成为网络世界道德的倡导者和维护者，并能针对网络文化具体现象进行道德反思，促进他们个体自律能力提高。唯有教育者对网络道德的舆论监督，特别是能及时批评不道德的网络行为，增强对青少年学生网络道德行为的正确引导，才能形成网络道德行为的舆论评价机制，帮助他们提高道德的自律能力。

第四，教育者应具有信息加工的能力。在网络面前，教育者的信息加工能力是指教育者把网络信息加工为青少年学生成长成才所需要的知识，并把这种能力教给学生。在传统的教育活动过程中，教育者处于一种信息绝对占有的优势地位。通过这种信息优势，教育者在教育过程中比较容易树立威信，得到青少年学生的尊重，从而有利于教育活动的开展。但在网络文化的背景下，有的教育者对网络的了解和把握，甚至不如青少年学生。教育者如果不能掌握网络信息技术，处于信息的优势地位，具有信息的加工能力，就不能把握学生，在教育活动中就做不到有的放矢，教育活动的有效性就会大打折扣。网络文化提供的更多的是信息而非知识，教育者在掌握信息的同时，还应把信息转化为青少年学生成长成才所需要的知识，并将这种转化能力传授给青少年学生，使他们获得丰富自己的认知手段而成为信息的主人。

第五，教育者应具有文化引领的能力。文化引领的能力是教育者在实施教育的过程中，以先进文化为主流，对学生进行引导，使其发展符合先进文化发展潮流的能力。当前在商业利润的推动下，庸俗文化在网络中以各种形式被极尽所能地向大众倾销着。青少年学生作为社会的一个群体，接受能力强、可塑性大，但辨别力不高；同时，基于网络文化的开放性和自主选择性，庸俗文化很容易侵蚀他们。如果先进文化不能占领网络，不能引领网络，那么青少年学生极易成为庸俗文化的牺牲品。教育者应将先进文化的思想性融于趣味性，精心择思想健康、格调高雅、催人上进、形式生动的影视、音乐、书籍、文章等供学生学习、选择和利用。只有这样，才能在丰富青少年学生文化生活的同时，对其进行潜移默化地教育，对学生进行引导，使其思想发展符合先进文化发展潮流。

网络已进入校园各个角落，校园网络文化正在形成，成为校园文化的一个重要组成部分，这是不争的事实。实践证明，一味"堵"或"放任自流"，只会丧失教育的应有功能，因此它们都是不可取的。唯有疏导的办法，既不能"堵"也不能"放任自流"，以主流价值取向为指导，大力加强校园网络文化建设，把校园网络建成弘扬校园文化和社会主流价值取向的阵地、师生信息沟通的桥梁、推动学生全面发展的平台、学生获取各类知识信息资源的宝库，才能使教育工作者在校园文化建设中与时俱进，把握学生的思想动向和校园文化建设中的价值取向，从而保证校园文化与先进文化、和谐文化的一致性，在教育活动中赢得主动，赢得青少年学生。

第四章 大学生法治教育

第一节 大学生法治教育研究理论

一、法治与教育

如何培养法治社会所需要的公民？答案是教育。通过教育，转变人的思想，提高人的素质，塑造人的品质。法治是一种社会的治理模式，但是，这种治理模式的实现不是无条件的，而是建立在一系列前提条件基础之上的，其中一项基本的条件，就是在这种治理模式之下的人要能够符合法治的要求。这离不开以人为对象，以促进人的发展为目的的教育活动。

美国教育家杜威曾指出，对于促进国际和平、国内经济安全、利用政治手段来推进自由平等和世界性的民主事业来说，人的态度和努力是这一切的战略中心。凡是从这个前提出发之人，都有责任看到教育在培养这种习惯和态度从而使之有能力满怀热情地追求和平、民主和经济稳定上的根本的重要性。杜威在这里所强调的虽是教育对民主发展的价值，同样对于法治而言，人的态度和努力也是决定性的因素。孟德斯鸠也说："要接受最好的法律，人民的思想准备是如何必要。"教育是社会传递知识的一种手段，是培养人、提高人的素质的一种社会实践活动，它不仅是提高社会生产的一种方式，而且是造就全面发展的人的唯一方法。加强社会主义法治建设的根本问题是人的问题，法治的理想只有通过适当而有效的教育——法治教育，才能够实现。

一般而言，人们的行动都是建立在有关行动的知识基础上的。同样，要想建设一个法治社会，人们就必须具有健全的"法治"观念。然而，人们生来是不具备这种观念的。可以说，人们生来对于"法治"是一无所知的。合格的民主公民需要由教育尤其是学校教育而产生,这是人们的共识,合格的法治公民同样需要经由教育产生。因此,要想使人们真正成为法治建设的主体,就必须通过教育的渠道,使他们掌握有关法治的基础知识和技能,在丰富多彩的法治实践中形成对待法治的态度和运用法治的能力。离开了教育,就不会有法治公民的诞生,也就不会有大规模的法治实践。那种以为法治建设只是法律界的事的观点是根本错误的。在法治建设中,任何对教育的漠视最终只会导致人们对法治的无知或偏见,并最终导致人们对法治的厌倦或失望。

由于我国受到传统法律文化的长期影响,人们关于法治的知识寥寥无几,拥有的最多是些许关于"法"的知识,而称不上是"法治"知识。在中国漫长的封建时期,法律一向是精英层掌握的工具,分布于中国城郭村庄之间的学堂、私塾,教授的只是儒家经典和经世之学,宣扬的是道德教化和伦理观念。统治者只将法律公之于众,就算是进行了法律普及,根本谈不上法治教育。近代以来,西方法治思想慢慢传入中国,一些大学也开设了法学专业。但能接受正规系统的法学教育的人毕竟是极少数,受到法治思想启蒙的人也是少数,法治只是众多救国之途中的一条,法治的影响范围和影响力十分有限。对于处于大多数水深火热之中的大众而言,首要的是生存问题,对于法治,他们无暇关心也无从了解。新中国成立后,为了加强社会主义法制建设,开展了大规模的法制宣传活动,实际上就是为了让人们多掌握一点有关法律的知识。新时期要建设社会主义法治国家,就更需要加强法治教育,通过教育把法治的观念植入人们的头脑。没有基本的法治观念,就无法成为一个合格的法治社会的公民。

法治需要教育,还因为法治具有多样性。法治作为一种人类社会的政治试验,在不同的历史时期与不同国家的政治制度相结合,产生了不同的发展模式,具有多样性。从法系来看,主要有大陆法系的法治模式、英美法系的法治模式、中华法系的法治模式;从社会形态来看,主要有古希腊城邦式法治模式、资本主义国家法治模式、社会主义国家法治模式;从价值取向来看,主要有形式正义的法治模式、实质正义的法治模式、全面正义的法治模式。这些不同的模式与各国的法治实践相结合,又呈现出丰富多彩的形态,如伦理型法治模式、社会优位型法治模式、自由主义法治模式、宪政主义法治模式、政府主导型法治模式等等,不一而足。"法治模式并不表明在现代人类社会中存在着一种可能拷贝的样本,也不是一种脱离现代人类社会并最终将与现实保持适当距离的关于21世纪人类生活的理想化构思和描述。"多样性的事实,一方面为任何一个国家的法制建设提供了丰富的思想资源和实践经验,另一方面也给特殊社会历史背景下的法治实践提出了挑战:到底采取哪一种法治模式比较符合本国的政治、经济、文化传统以及人民的愿望?无论是充分地学习和利用多样化的法制建设经验,还是综合创新寻找适合于本土社会的法治模式,都离不开教育。只有教育,才能超越狭隘的政治视角和国别禁锢,将法治的多样性和丰富性展现在人们眼前,引导他们去深入地分析、理解和批判不同的法治模式背后的社会基础,从而为他们成长为成熟的和理智的法治社会公民做好准备。

法治需要教育的第三个原因是法治自身的局限性。法治作为人类的一项政治制度设计,并不是万能的,而有其自身的局限性。作为一种治国方法,法治本身只是一个相对的"善"。正如美国法学家博登海默所说:"尽管法律是一种必不可少的、具有高度裨益的社会生活制度,但它像人类创建的大多数制度一样,也存在着某些弊端。如果我们对这些弊端不给予足够的重视或者完全视而不见,那么它们就会发展为严重的操作困难。"这种局限性主要体现在三点:第一,法律调整范围的局限性。法律作为具有强制约束力的行为规范体系,其能够调整的只能是人们的"行为",而对于人们的思想、认识、信仰、情感领域,则不能用法律进行调整。正如马克思所说,"对于法律来说,除了我的行为以外,我是根本不存在的,我根本不是法律的对象。我的行为就是法律在处置我时所应依据的唯一的东西"。即使在对行为的规范上,法律也不是都可以或者应当干预的,法律只能适用于公共领域,而不能适用于私人领域。正如约翰·密尔所言:"任何人的行为,只有涉及他人的那部分,才须对社会负责。在仅只涉及本人的那部分,他的独立性在权利上是绝对的。对于自己,对于他自己的身和心、个人乃是最高主权者。"第二,法律制度的局限性。由于法律总是反映立法时人们对社会生活的认识和对未来社会的预期,因而在社会变化快于人们认识的发展时,法律就会出现滞后。博登海默称之为"时滞"。这一方面表现为,对于新出现的问题,现有法律没有相应的调整规定,此时就需要依靠人们心中的法治精神和掌握的法治原则来自觉调整行为;另一方面表现为,法律相对于社会发展来说,倾向于僵化和保守,成为社会进步和改革的羁绊,此时就需要对法律进行修正。第三,法治实施的局限性。法治以国家强制力为保障,但问题在于,这也容易造成对国家力量的依赖,尤其当这种强制力一旦为权力滥用、利益偏私或者意志任性所左右,那么法律就很可能成为维护私利和强权、悖于公理与正义的邪恶工具,成为个别主体用以压制他人自由和正当权益的手段。对于这一点,我们有过惨痛的教训,因此,人们必须时刻怀有审慎的眼光审视法律的实施,防止国家力量借用法治的名义肆意扩张,让法制在法治的框架之下健康运行。要帮助人们深刻地认识法治的种种局限性,不通过教育是根本不可能的,教育可以培养人们对于法治的理性态度。

二、大学生与未来中国法治建设

早在古希腊,柏拉图就曾有过这样的论述:"真正的立法家不应当把力气花在法律和宪法方面这一类的事情，不论是在政治秩序不好的国家还是在政治秩序良好的国家。因为在政治秩序不良的国家里，法律和宪法是无济于事的；而在秩序良好的国家里，法律和宪法有的不难设计出来，有的则可以从前人的法律条例中很方便地引申出来。"有远见的统治者应当把目光聚焦于人，因为立法的是人，执法的是人，守法的是人，在法治被破坏时，要修复和重建法治依靠的仍然是人。对于人的培养，尤其是青年人的培养，比一切其他工作都来得重要。柏拉图举例说："如果孩子们从一开始做游戏起就能借助于娱乐养成法律的精神，而这种守法精神又反过来反对不法的娱乐，那么这种守法精神就会处处支配着孩子们的行为，使他们健康成长。一旦国家发生什么变革，他们就会起而恢复固有的秩序。"

理论上，全社会所有公民都应当接受法治教育，但在全体公民中，有一些人群现在正在或将来要在社会主义法治进程中承担重要使命，他们的法治品质对法治建设进程的影响更为直接而深刻，因此在法治教育中，应当对其投入更多的关注。大学生就是这样一个群体。

首先，大学生是未来立法者的主体。实行法治，首先要有法可依，立法者的法治品质，直接影响到立法的质量。我国实行人民代表大会制度，全国人民代表大会和全国人民代表大会常务委员会行使国家立法权，各级人民代表大会及其常委会行使地方立法权。人大代表是一种职务，这就要求人大代表职务的人必须具有一定的履行职务的能力和素质，与现代社会的发展趋势和人大制度的不断完善相适应，当前人大代表的文化层次越来越高。

其次，未来的执法者和司法者将在大学生中产生。法治的核心是治官、治吏、治政府。法治之要，要在吏治。执法者和司法者对待法治的态度和实践法治的情况，直接影响到人民群众对于法治的信任度，关系到法治建设的进程。如果执法者和司法者缺少法治品质，则法治的实现只能是一句空话，因为"官吏是会说话的法律，而法律是沉默的官吏"。根据我国公务员法，录用担任主任科员以下及其他相当职务层次的非领导职务公务员，采取公开考试的办法，国家和地方公务员报考标准之一就是具有大专以上文化程度。也就是说，未来的公务员都从现在的大学生中产生，加强大学生法治教育，就是在培养能够依法行政、依法执法，执政为民、执法为民的未来公务员队伍。

第三，大学生的法治品质一定程度上代表着未来中国公民的法治品质。在校大学生的法治意识和法治品质，在一定程度上就代表着未来公民的法治意识和法治品质。大学生是未来各行各业的高层次人才，是中国未来的中流砥柱，影响着未来社会的发展方向和发展进程。通过法治教育，使大学生树立良好的法治意识和法治品质，将成为他们未来自觉实践法治行为的先决条件，使他们成为促进国家法治进程的积极有力的推动力量。从这个意义上说，成功地实现对大学生的法治教育，是在培养具有法治精神的未来社会的中坚力量，而未来能否推动法治、实现法治并维护法治，主要依靠的也正是这支力量。因而，加强大学生法治教育，培养大学生的法治品质，是加速推进我国法治化进程的必然要求。

此外，对大学生进行法治教育也具有现实可能性。首先，大学生有接受法治教育的条件基础。一是大学生自身具备了一定的认知水平、经验储备和教育潜能。人的文化水平的高低标志着其对教育内容的接受能力，也影响着人的态度和价值观念。大学生具有较高的文化水平和较强的学习能力，生理和心理都日臻成熟，世界观人生观价值观基本成形，社会意识初步形成，这些都是法治教育的有利条件。二是大学教育的特点有利于法治教育。大学教育与中小学教育不同，没有了升学指挥棒的导向，能够避免狭隘的、知识化的法治教育。大学注重人的精神的发展，倡导学术自由的风气，校园环境开放民主，这些都是法治精神生长的土壤。其次，大学生有接受法治教育的现实需求。大学生处于自我意识的迅速发展期，权利意识增强，有着强烈的维护个人权利、个人自由、个人隐私的意愿。大学生处在一个集体生活的环境之中，学校不仅是学习的场所，也是生活的空间。这么多自我意识强烈、个性特征鲜明的大学生天天生活在一起，不可避免地产生冲突和矛盾，需要一种科学先进的价值观念来指导他们消除这些矛盾冲突，达到人际的和谐。大学与中小学不同，教师不再是包办一切的管理者，而是学生自我管理、自我教育的倡导者。学生领袖既需要靠个人魅力，更需要靠智慧来进行管理，这就需要一种能够被广大学生普遍认同的管理理念和管理模式。法治教育正为此提供了方法和价值的支撑。另外，大学阶段是学生从"学校人"向"社会人"转变的最后阶段，而法治教育正是帮助大学生适应法治社会，完成个体社会化进程的不可缺少的重要环节。

第二节 大学生法治教育时效性研究

一、大学生法治教育实效性的重要性

（一）是切实提高大学生法律素养的需要

大学生法治教育是培养"法治公民"的重要途径，大学生法治教育活动已开展多年，但是，大学生的法律素养所取得的成效与实行的教育之间并不平衡。由于进行大学生法治教育是个长期性的系统工程，大学生内在消化吸收一定的法律知识及培养相关的法律技能也需要一定的时间，就导致了大学生法治教育的滞后性，从而使得大学生所获得的法律素养不能满足现实公民的法律素养需求。

因此研究大学生法治教育的实效性，实际上有利于增强大学生法治教育的针对性，改变单纯重视教育过程而忽视教育结果的现状，加快大学生法治教育的"新陈代谢"，加速大学生法律素养的提高。研究大学生法治教育的实效性，能够透过大学生实际达到的法律素养水平，来分析其与社会所需求的法律素养之间的差距，结合现实的教育背景，制定更加符合社会主义法治建设所需的大学生法治教育目标，选择更加适合当代大学生消化吸收的教育内容和方法，来切实提高大学生的法律素养，使其成为社会主义法治建设的生力军。

（二）是完善大学生法治教育理论的需要

通过实践而发现真理，又通过实践而证实真理。马克思主义理论告诉我们实践是检验真理的唯一标准，科学的理论应具有与时俱进的品质。同样，指导我们进行大学生法治教育活动的大学生法治教育理论，也应该进行与时俱进的丰富与完善，从而淘汰落后的理论、填充缺失的理论、总结科学的理论。这些都需要我们通过大学生法治教育实效性的研究来完成。

通过我们对大学生法治教育活动及其效果的考察，来进行对现有的大学生法治教育理论的检验。一方面，将其中的精华部分提取出来，将优秀的理论成果汇集起来，成为大学生法治教育的理论典范进行贯彻；另一方面，通过检验发现理论中的漏洞与不足，并根据实际情况，即新的教育背景、当前受教者的薪情况等等，来创新理论研究，制定新的有效的教育理论。总之，只有通过实效性来检验与完善大学生法治教育的理论，才能够形成大学生法治教育的理论体系，来更好地指导学校开展系统、科学的大学生法治教育活动。

（三）是完善大学生法治教育过程的需要

过程与结果孰轻孰重？人们往往只重视其中一方面，而忽视另一方面。根据马克思主义的辩证法思想，过程与结果应是紧密联系、相辅相成的，过程与结果二者应该在追求目标的基础上统一起来。良好的过程有利于目标的实现，从而带来高效的结果，结果的不足能够反映过程中存在的问题，使得在新一轮的过程中能够解决问题。实践—认识—再实践—再认识这一过程不断推动我们的实践过程深化发展。

实效性是改进大学生法治教育的出发点，研究大学生法治教育的实效性，有利于反观在教育活动过程中存在的问题：一方面要看大学生法治教育活动的运行过程是否偏离了预期的目标、是否有利于出现高效的结果，从而通过对过程的控制，引导过程向预期目标的方向发展；另一方面要分析低效的结果是由于过程中什么样的教育内容、方法和手段造成的，从而修正、解决教育过程中的一些问题。所以说通过对大学生法治教育实效性的研究来分析教育过程与教育结果之间的相互影响关系,是不断完善大学生法治教育过程的需要,有利于推动大学生法治教育向着更高效、更科学的方向发展。

(四) 是推动社会主义法治建设的需要

青年是祖国的未来,接受国家高层次的教育培养,是进行国家建设的生力军。同样,在社会主义法治建设中,由于大学生的重要性,大学生法治教育在整个国家法治教育中占据了重要位置。研究并切实提高大学生法治教育的实效性,无论是在理论建设上还是实践建设上,都将为推动社会主义法治建设贡献巨大的力量。

从理论上讲,大学生法治教育为的是塑造出一批批具有良好的法律意识和规范的法律行为的大学生,研究大学生法治教育的实效性,正是为了实现培养具有社会主法治意识的良好公民这一目标。通过实效性研究得出的科学、系统的大学生法治教育理论,可以为整个社会主义法治教育的理论建设提供借鉴。从实践上讲,大学生法治教育的实效性研究,意在考察当前大学生在法律素养方面存在的问题,以小见大,也可以部分地揭示出社会主义法治建设中人的法律素养方面共存的一些问题;通过为大学生法治教育出谋划策,也将为社会主义法治建设在探索实践方法方面提供良好的对策。

总之,大学生法治教育是整个社会主义法治教育的有机组成部分,提高大学生法治教育的实效性有利于推动整个社会的法治教育向前发展。具有现代法治意识及行为的大学生,日后将成为推动社会主义法治建设的一股强有劲的力量。

二、大学生法治教育实效性的评价

正是主体在评价过程中所得出的观点,调节着主体的实践活动;而这种观点一旦掌握了群众,就成为物质力量。看来进行评价对社会实践活动具有重要意义,不仅在实践中对科学认识的发展做出了贡献,也将推动社会的进一步发展。同样,我们应进行大学法治教育实效性的评价,通过评价来调节大学生法治教育的实践活动。那么大学生法治教育的实效性应该如何评价呢?

既然实效性显示的是目标与结果之间的关系,那么评价大学生法治教育的实效性,就是要看学校法治教育预期目标的实现程度,也就是大学生通过受教育对目标的接纳程度。简单来说,如果大学生法治教育活动的结果符合预期目标,那么我们可以说这样的大学生法治教育是有效的,反之则无效。但是想要衡量大学生法治教育具体的实现程度,还要结合大学生法治教育的特性和影响因素,来科学、具体、全面地对大学生法治教育的实效性做出综合的分析,找出影响我们大学生法治教育实效性的原因。

(一) 大学生法治教育的特性

想要深入考察和评价大学生法治教育的实效性，需要把握大学生法治教育以下几方面的特性：

1. 科学性与实践性

教育活动只有具备了科学性和实践性，才能焕发出强大的生命力。所谓科学性，就是以一定的事实为依据，以科学思想为指导，使大学生法治教育的活动能够符合内在的规律。有效的大学生法治教育必须具有科学性，才可以使我们的大学生法治教育长久发展，不至于在历史的长河中成为断点。科学性是指导实践活动的明灯，能够保障我们的大学生法治教育活动朝着正确的方向发展。科学性是抵御愚昧落后的利器，能够帮助我们的大学生法治教育免除不良影响，不断向前发展。因此考察与评价大学生法治教育实效性的时候，要把握大学生法治教育科学性的要求，做到客观、全面以及准确地分析，从而避免得出主观、片面的结论。

实践是人的存在方式，大学生法治教育活动作为人类活动的一种，也是一种实践活动。这就要求我们在进行大学生法治教育时不能脱离实际，使之成为一种乌托邦式的美好构想，也不能使我们的大学生法治教育实践远远滞后于我们的现实需要，成为人类向前发展的阻碍。要注重环境对大学生法治教育实践的影响作用，使我们大学生法治教育活动与环境相辅相成。同时，要注重发挥大学生作为实践主体的能动作用，引导其做到知行合一，并克服实践中的种种障碍。在考察与评价大学生法治教育实效性的时候，不能够忽视对大学生法治教育实践性的评析，即大学生法治教育活动是否作为一种自觉的实践活动，其成果是否能够通过实践的检验。

因此，就要求我们在评析大学生法治教育实效性的时候，要注重大学生法治教育的科学性与实践性。一方面，运用客观、全面的原则衡量大学生法治教育活动是否按客观规律进行，是否与当前大学生身心发展相适应；另一方面，运用动态、发展的原则衡量大学生法治教育活动是否能与时俱进，是否能与当前环境相适应。

2. 层次性与多样性

大学生法治教育从目标的制定、活动的实施到效果的取得，是一个发展变化的过程，我们大学生法治教育对预期目标的实现必然不是一蹴而就的，再加上环境中方方面面的影响，使得大学生法治教育必然呈现出一种长期性、阶段性、多层次性、多样性的复杂变化。

从纵向的视角来看，大学生法治教育是一个分阶段、多层面的活动，大学生法治教育的效果处于一种递进的发展态势中。大学生法治教育的层次性可以从两方面理解：一方面，大学生法治教育作为我国法治教育中的一个重要环节，在我国法治教育过程中处于第二层，是从青少年法治教育到社会公民法治教育的一个承上启下的阶段；另一方面，由于大学生法治教育活动本身是一个过程，因此在其不同时期，我们取得的实效也是分层次的，就会出现近期与远期的不同效果。

从横向来看，大学生法治教育具有多样性。一方面，由于不同地域、不同院校间的教育水平不同，不同学生的知识水平与接受能力不同，所取得的法治教育效果必然是千差万别的。另一方面，大学生整体的效果不等于每个大学生个体的简单相加，整体的效果也不能代表每个个体的实际水平，要注意大学生法治教育的群体与个体间的多样性差别。

综上所述，我们在评析大学生法治教育实效性的时候，要注重横向与纵向上的多样性与层次性，利用不同的评估方案进行实事求是的评价，综合把握大学生法治教育实效性的近期效应与远期效应、群体效应与个体效应以及区域效应。

3. 质的属性与量的属性

质量互变规律作为唯物辩证法的三大规律之一，告诉我们事物的发展变化都是质与量的统一。大学生法治教育作为一个过程，从活动的实施到效果的取得是一个量变到质变的长期的复杂的过程。这就要求我们在评价大学生法治教育实效性时，不仅要考察量（即投入产出比），还要分析质的属性（是前进了还是倒退了）。

更为重要的是，由于大学生需要一定的时间内化所受到的法治教育，并通过一定量的积累外化为一定的实际观念与行为，这是一个潜移默化的过程。从量变到质变需要一定的时间甚至会出现反复的状况，因此大学生法治教育不一定能够产生立竿见影的效果。这就要结合大学生法治教育的内隐性与外显性，不仅仅从外在的大学生的表现去考量，还要结合其间接的言语态度，分析其所处的内化到外化的发展阶段，综合考虑大学生法治教育实效性的实际的质、量情况。

（二）大学生法治教育的预期目标

教育是使受教育者获得知识与技能的活动，教育的目的是使人获得思想品德、智力以及体力的发展，为一定的社会和阶级培养其所需要的人。我们大学生法治教育也势必要满足大学生和社会的需求，才能使其本身具有教育价值。因此大学生法治教育预期目标的设定，就必须以大学生自身发展和社会建设的需求为根据。

1. 大学生的需求

大学生法治教育的对象是大学生，教育应以人为本，为此我们要重视大学生对法治教育的需求，帮助大学生实现法律素养上的发展。大学生对法治教育的需求概括而言主要有以下两点：

一是对法律知识的追求。随着社会现代化进程的加快以及市场经济的深入发展,无论是公领域还是私领域都受到法律的规范与调整。如果不能掌握一定的法律知识,大学生将无法很好地融入社会,过具有现代意义的理性生活。人是社会中的人,社会是由人组成的,人总是处于一定的社会关系之中。大学生在日常社会生活中,难免会遇到许多问题需要用法律知识去解决,尤其是民事法律知识。例如大学生常常想要了解婚姻家庭的相关法律知识,以明确在家庭生活中的权利与义务;想要了解劳动就业方面的法律知识,以求保护好自身的劳动权益;想要了解教育相关的法律知识,以更好地获得教育资源和教育机会等等。因此,无论是出于自身生活的需要还是出于自身发展的需要,大学生都渴望掌握一定的法律知识。

二是对保护自身权益的法律技能的追求。虽然有些同学掌握了一定的法律知识,但是在实际生活中,遇到真实的问题时不懂得辨别非法的现象及行为;在自身权益受到侵犯之后,不知道进行法律救济的途径有哪些,不懂得如何利用法律武器维护自己的利益。例如这样一个真实的案例,大学毕业生小刘在郑州某公司面试通过后,被要求缴纳360元服装费,并在签订的劳动合同上,特别注明:"如因个人原因辞职或自动离职,公司不予退还,服装费由自己承担"。然而该公司却迟迟未给小刘安排工作,并以合同上有协议为理由拒还服装费。很显然,该公司是以招工为诱饵来骗取钱财的。小刘因为缺少分辨非法行为的法律能力,才掉入了这样的陷阱。对于此类事情,我相信很多大学生都选择了息事宁人,因为许多学生都不知道找什么样的部门来解决这种问题。总之,生活中许许多多的大学生上当受骗、被侵害的案例,向我们揭示出大学生对于保护自身权益的法律技能的迫切需求。

2. 社会的需求

大学生法治教育的目标应遵循社会的需求,也就是说我们需要培养出具有什么样法律素养的大学生才能成为社会所需要的公民。

一方面,良好的社会秩序需要具备社会主义法治观念的大学生。如果大学生法律意识淡薄,轻则影响一般的公共秩序,重则出现大学生违法犯罪,为社会带来恶劣的影响。现代社会需要法的理性精神,我们需要摆脱传统人治的落后状态才能使我们的社会往更加文明的方向发展,所以社会要求当代大学生将社会主义法律作为内心的一种精神信仰。例如大学生虽然明白纳税是公民的义务,但是却不会主动缴纳个人所得税;许多大学生虽然熟知交通法律法规,但是却经常闯红灯、违规驾驶等等;当法律赋予符合资格的大学生选举权的时候,许多大学生却表现出冷淡的政治参与态度,对宪法赋予的公民权利不予重视。孙杨是一名游泳巨星,同样也是一名大学生,在2013年11月3日因为无证驾驶,被杭州交警部门处罚。社会对人才的培养,不仅仅是要培养出一种专才,更是注重人的全面发展。

孙杨事件启示我们，社会需要具有良好法治观念的人才，只有这样的青年学生才能成为国家持久发展的栋梁。

另一方面，社会的发展与建设离不开具有良好法律素养的大学生。我们作为社会中的人，无不参与着社会经济生活和政治生活。在现代社会加速发展、市场经济全面深化、国际化不断加深的背景下，如果培养不出具有良好法律素养的大学生，将由谁担起中国特色社会主义建设的重任呢？如果不懂得《合同法》《劳动法》《物权法》等等法律，我们的大学生如何能进入市场经济的社会生活中？大学生不掌握一定的法律技能，如何成为国家所需要的劳动者、生产者、建设者？例如2012年大学生林某和同学在宿舍遇到自称是广州某公司的一年轻女子，向他们宣称在招收校园代理，由于赚钱心切，林某和同学被骗去6000元买来假冒伪劣洗发水。这样的例子数不胜数。大学生如果没有良好的法律素养，一方面会使自身的利益受损，另一方面也助长了市场经济中的这种不法行为，同时损害的也是社会的经济利益。同样在社会政治生活方面也是。如果大学生不懂得《宪法》、行政法规，不明白作为公民的权利和义务，就不能很好地参与到政治生活中来，那么我们的民主与法治建设的未来应该托付于谁呢？

3. 大学生法治教育的预期目标

结合大学生以及社会的需求，我们可以将大学生法治教育的预期目标分为近期目标和长远目标。

从近期目标来看，应该包括法律意识、法律知识与技能等方面，目的是使大学生知法、懂法、用法。具体而言，近期目标包括以下几点：帮助学生树立社会主义法治观念，健全大学生的法律意识；使大学生掌握基本法律知识及相关的专业法律知识，深入理解这些法律知识的内涵和作用；培养大学生的法律实践能力，增强大学生的法律技能；引导大学生用法律武器维护自身利益，勇于同违法犯罪现象作斗争。

长远目标是为了将大学生培养成为社会主义所需要的合格公民，具体而言，长远目标包括以下几点：帮助大学生树立对我国社会主义法律的精神信仰，自觉追求并遵循法律的基本价值要求；引导大学生积极参与社会主义建设，用所学法律知识和技能来维护和倡导良好的法治秩序，为构建社会主义法治社会做贡献。

（三）大学生所应达到的法治教育效果

大学生作为大学生法治教育的对象，其所取得的实际效果是衡量大学生法治教育实效性的重要指标。对于效果的分析应比照预期设定的目标，在效果与目标之间做出量与质的评判。这里有三个问题需要注意：

首先，我们的预期目标并不单纯是指学校自身的培养目标，还要结合国家对大学生法治教育的总体期望来谈大学生法治教育的实效性。

其次，我们应对大学生进行态度、意识、知识、技能四方面的评估。就态度标准而言，就是看大学生是否重视法治教育课程，是否切实认识到自身在法治建设中的权利与责任，是否存在实用主义或形式主义的学习态度。就意识标准而言，就是看大学生是否树立了现代社会主义法治意识，能否认同法律，是否具有自觉遵守法律的意识。就知识标准而言，就是看大学生能够掌握与理解法律基础知识的程度。就技能标准而言，就是看大学生能否培养法律思维，将所学的法律知识运用到实际的生活中去，是否参加了有关法律的实践活动。

再次，就效果的性质而言，一种是正向效果，一种负向效果。当然就不同层次或不同方面上来说，可能每一部分取得的效果是不同的。这就要求我们将大学生法治教育作为一个系统进行综合的评估。

总体而言，我们可以就大学生法治教育的效果得出两种结论：一是大学生法治教育没有达到预期目标。没有达到其中任何一项要求，在总体上而言，就不算实现了大学生法治教育的预期目标，这是一种负向效果，可以说这样的结果就说明大学生法治教育的实效性低。二是大学生法治教育完成了预期目标，这是一种正向效果，包括刚刚实现预期目标及已经超越预期目标两种情况。但各项目标的实现并不意味着大学生法治教育可以止步不前，将当前教育模式一成不变地固定下来。总之，我们的大学生法治教育应该通过不断地自我完善与提升，追求更佳的效果。四、大学生法治教育实效性的影响因素大学生法治教育实效性的研究是一个系统工程，受教育者、教育者、教育内容、教育方法以及教育环境作为大学生法治教育系统中的组成要素，各要素间相互依存与相互作用，共同影响着大学生法治教育。如果不综合考虑这些影响因素，不用联系、全面的观点看问题，那么我们所得出的结论将出现偏颇。

1. 受教育者

现代教育提倡以人为本，受教育者既是大学生法治教育的对象，又是教育过程的实际参与者，也是教育效果的直接体现者。因此评析大学生法治教育的实效性，就必须深入分析受教育者的需求、素质以及主观能动性。

受教育者的需求并不是整齐划一的。高年级学生比低年级学生更重视法律，有打工经历的学生比没有打工经历的学生更重视法律，且法律需求有所不同。高年级学生一般对法律知识的需求基本上都与自己的专业和将来发展方向有关；有打工经历的学生更渴求了解诸多有关合同、劳动保护方面的法律、法规。①大学生法治教育必须以受教育者的需求为导向，需求不同，所选用的教育内容和方法也就不同，所取得的教育效果也将受到相应的影响。

受教育者的自身素质决定了教育的起点，也决定了接受教育的程度。这使得同样的教育却出现了不同的效果，因此对于大学生法治教育实效性的分析要考虑受教育者自身素质的个体差异，以及不同地区不同院校间生源的素质差异。

受教育者的主观能动性决定了他们对大学生法治教育的重视程度和参与性。大学生法治教育的内容能否内化为受教育者的主体意识，能否被受教育者自觉外化为应有的行为，甚至创造性地应用于实际生活，这都取决于受教育者主观能动性的发挥程度。

2. 教育者

教师作为一种专门的职业，是人类灵魂的工程师，教师队伍的好坏直接影响教育效果的高低。教育者的自身素质以及整个队伍的建设，对大学生法治教育的完善与提升有重要影响。

从教师个体的角度而言，要求我们法治教育的教师必须具备良好的职业品质和职业技能。因此评析大学生法治教育的实效性，就必须深入认识法治教育人员的水平，包括其职业品质及技能水平。职业品质就是看其对自身从事的教育活动是否认真负责、是否热爱，还有其追求进步、不断创新的意识；职业技能就是看其学科知识水平以及如何进行教学的。从教师整体队伍而言，一支专业化、职业化的教师队伍能带来更为显著的效果。专兼职教师的比例如何配置以及相互间如何配合，教师队伍如何选拔及培训、考核等等问题，都成了我们进行大学生法治教育不得不去思考的重要问题。

3. 教育内容与教育方法

教育内容与教育方法都会对教育活动产生直接的影响。为了达到良好的教育效果，教育内容必须具有针对性：一方面要针对教育目标设置具体的教育内容，另一方面要针对学生的实际情况制定出适宜的教育内容。教育内容还必须把握规律性，忽视规律的教育内容，不仅不能达到良好的教育效果，反而会带来负面的影响。教育内容还必须具有先进性。教育的目的是使人获得知识的同时得到发展，先进的教育内容能够提升人们的思想，引导人们的行为，促进大学生向着社会主义法治建设所需的方向进步。教育方法是沟通教育者与受教育时效性研究教育者的纽带，是提高教育质量的关键。教育方法多种多样，但只有适宜的教育方法才能构建师生间的和谐关系，才能更好地完成教育任务，取得较高的实效性。因此，教育方法的选择与运用也应因地制宜、因时制宜、因事制宜、因人制宜。

总之，分析大学生法治教育的实效性，离不开对教育内容与教育方法的分析与思考，看其是否适宜当前大学生法治教育需要，看其是否具有科学性、针对性与多样性。

4. 教育环境

人总是在一定的环境中进行活动，马克思把环境的改变和人的活动看做辩证统一的。大学生法治教育活动也是在一定的环境中进行的，我们把教育环境分为内部环境与外部环境，内部环境即校园环境，外部环境即社会的大环境。无论是内部环境还是外部环境，都能起到塑造人的作用，学生法律素养的形成和培养离不开良好的大学生法治教育环境。为此，我们在评析大学生法治教育实效性的时候，也要将教育环境囊括在评估系统中，认真分析大学生法治教育的内部环境与外部环境是怎样的，以及其对大学生法治教育的影响又是怎样的。

总之，综合分析大学生法治教育的实效性，就是运用科学、系统、发展的原则，评估总结大学生法治教育的效果，并将结果与国家、学校的预期目标之间进行比照，对大学生法治教育过程中的影响因素进行分析。从而对大学生法治教育的实效性得出一个总体的结论，反过来去寻找大学生法治教育过程中存在的问题，进而有针对性地去完善或提升大学生法治教育活动。

三、提高大学生法治教育实效性的对策

（一）立足高校法治教育

1. 调整培养理念，改革教育方法

（1）调整培养理念。科学成熟的理念将为高校法治教育实践提供良好的指引，因此，大学生法治教育实效性的提高应从调整培养理念着手。

①树立素质教育思想。世界经济全球化、一体化的趋势使大学生的综合素质面临新的挑战，法律素质作为综合素质的重要方面，也面临着同样的问题，素质教育理念的推行将使高校所面临的问题迎刃而解。中央关于推进素质教育的文件指出要培养德、智、体、美等全面发展的社会主义"四有新人"。高校法律教育应顺应时代变化，努力实现向提高大学生法律素质的转变。

②树立以人为本理念。人本主义教育思想的基本观点是突出学生的主体地位，注重学生个性化的自我评价。这种思想理念在法治教育中具有很高的价值。一直以来，我国高校法治教育往往围绕法律规范教育开展，学生处于被动地位，强烈的抵触和逆反心理由此产生。受应试教育影响，大学生的法律知识学习也是以获得考试分数为出发点的，即使最后考试合格，教育效果也不可能理想，法律素质教育的目标更难以实现。按现有规定，大学生在大学前两年就要修满法律基础课学分。尽管学生基本都能拿到学分，但这不是法律素质教育的目的所在，因此，我们要科学地引导，使大学生在法律学习上由被动转为主动，增强教育效果。

③树立互动教育理念。此处的互动教育理念是指树立社会、学校、家庭密切配合、互相沟通，促成积极改变发生的思想。学校教育在这种理念中居于重要地位，但要注意校内和校外因素的互动，充分利用家庭、学校和社会资源，全方位

地拓展教育平台，解决大中小学的衔接问题，实现内容上的连贯性，提高大学生法律素质的起点，克服由于中小学存在的法治教育的缺失而带来的大学生法律素质的断层问题。

（2）改革教育方法。有效适合的教学方法有助于大学生将法律知识内化为法律素质，有助于教学内容的全面展现和教师主导作用的充分发挥，有助于师生之间的情感沟通，比如以下几种方法。

①案例教学法。案例教学是有效解决学生抵触理论概念学习的一剂良方，它将教师教和学生学有机地结合在一起，不仅能调动学生学习的积极性，同时提高了其分析和解决实际问题的能力，有助于实现理论学习和实践应用的有机统一。

②实践教学法。积极引导大学生开展法律实践活动，可以有力地配合法律课程理论教学，也使得大学生加入一种开放性的教学方式中。适当的法律实践活动是对理论教学的深化和延伸，它能够大大提高法律课教学的质量。通过切实的实践活动，让大学生通过自己的亲身实践体验，接触法的现象，深入法的本质，形成对法的真实感受。没有经过任何实践活动，任何外在的客观存在都无法在大脑中形成较稳固的观念。

③情景教学法。情景教学法是以学生现实阅历和实践经验为基础，通过寓教于乐、寓教于文、寓教于情的方式，设定相应的情景，引导学生进入情景，成为其中的角色，并产生相应的思考。课堂上可以通过播放相关视频进行引导，课下可以通过开展情景剧表演的方式开展活动，提高学生学习法律知识的热情和法律知识的应用水平。沈阳航空航天大学人文社科部举办的"辽宁省高校思政课情景剧教学法研讨会"就是一个典型的成功案例。这种教学模式充分调动学生的积极性，发挥学生学习的主动性，将理论教学与学生实践有效地结合起来，将学生对问题的思考与动手能力有效地结合起来，将学生的"知"与"行"有效地结合起来，是一种行之有效的理论课教学模式。

2. 改善教师素质，提升教育质量

教师的素质将直接影响到受教育者的素质。邓小平同志曾深刻地指出教师在培养合格社会主义人才中的关键作用。然而在当前高校师资队伍水平参差不齐，很多教师的法律专业素养根本无法保障大学生的法治教育工作的开展。大学生法治教育除了应具备良好的硬件设施和教育环境外，还要有一支本身素质过硬的法律教师队伍。

（1）外部吸收，内部强化。大力引进学识渊博、实践经验丰富的法学工作者来学校从事法治教育工作，加强现有法治教育师资队伍的培训和深造，提高师资队伍的业务水准。

（2）单独划分，互动交流。各高校可试点将法律教研室单独划分出来，并使法律教研室与德育教研室形成既互动又交流的关系。通过此类试点促进教学内容的全面展现及教师主导作用的充分发挥，进一步加强师生之间的情感沟通，推动大学生法律素质的不断提升。

3. 优化教学内容，拓展实践环节

（1）优化教学内容。从教学实际出发，将法治教育与心理等学科有机结合起来，巧妙地优化教材内容，法治教育将达到事半功倍的效果。

①法治教育与德育相结合。在高校教育中，德育教育和法治教育不可或缺。大学生正处于性格、社会意识逐渐成熟的阶段，应将法治教育与德育相融合，引导学生形成健全人格和良好的社会集体意识，培养学生社会主义道德品质和良好的心理素质。除普及道德、法律知识外，要帮助大学生认清德与法的关系，掌握基本的法学原理，将理论与实践相结合，进行德与法的辨析。教师要以道德教育为基础，逐步引导学生从道德认识上升到法治观念，从而使其形成遵纪守法的良好习惯和优秀的道德品质。

②法治教育与心理健康辅导相结合。在校大学生正处于心理发育期或心理成熟期，其"三观"尚未成熟，而且性格也在不断完善，缺乏稳定性。特别是近年来，大学生心理问题不断增多，由此引发的法治事件也呈上升趋势。通过将法治教育与心理健康辅导相结合的方式，进一步强化心理健康的指导，使大学生树立良好的心理观念，采取合理的调试方式，减少违法犯罪的动机和行为，为大学生的健康成长起到促进作用。

③法治教育和性教育相结合。高校应与社区、家庭形成内外结合的机制，以性道德、性法治教育为核心，以性生理、性心理、性卫生保健教育为基础，坚持适时、适度、适量的原则，体现科学性、实用性和健康性，大胆地向大学生介绍生理知识。让他们在了解必要的生理知识之外，更加懂得人与动物行为的最大差异在于人的性行为受到社会环境、文化修养、价值观念、道德与法治等方面的影响，人的性行为应具有极大的选择性和控制性，从而防止大学生因为没有健康的性知识和法律知识而误入歧途。

（2）增强实践对接。只有通过实践才能使大学生法治教育的效果落到实处，形式多样的实践活动不仅有利于大学生法律知识的丰富，更有利于其法律素质的提升。

①设立实践基地。实践基地的建立将在很大程度上激发高校学生提升自身法律素质的积极性，起到潜移默化的教育作用，特别是模拟法庭、现身说法、法庭辩论等活动的开展将大大突破课堂的限制，调动学生学习的积极性并加深学生思考法律问题的层次。实践基地的建立可以将校内外的资源有机结合在一起，既可以在校内设立模拟法庭并配备相应的设施，还可以与司法行政机构建立长期合作

交流关系,将其作为校外实践基地。

②组建法律社团。学生社团在大学生的业余生活中扮演着十分重要的角色,并且受到大学生的普遍欢迎,学校可以对辩论协会等法律相关社团予以鼓励和支持。此外,还可以由理论造诣深厚、实践经验丰富的学者带头成立法律服务社团,从事普法宣传、法律咨询等方面的服务。

③开办法律诊所。法律诊所是一种类似医学专业培养实习生的教学模式,将会对法律知识的应用起到良好的促进作用。此种培养模式将为学生提供接触真实案件、参与办案、独立思考的机会。在完成正常的课业之后,学生可以通过与当事人及司法行政机关的接触进一步强化知识,熟悉法律运作流程,得到更为务实的指导,并获取实用的职业技能,培养良好的职业习惯。特别对于仅仅学过《法律基础》的非法律专业的学生,可以考虑让其在法律诊所中从事一些较简单的日常工作,参与一些信函回复。要准确、及时地回复每一封来信,参与者必然要投入极大的耐心和热情,遇到难题时,通过查找资料,咨询有经验的老师来解决疑问,也可参与接待来访工作,诊所一些简单的法律程序或实体问题的解答可以由这些学生担任,在老师指导下,还可参与电话接谈,代写文书等。

④营造法律文化氛围。法律文化是校园文化的重要组成部分,法律文化活动的开展是大学生法律素质提升不可或缺的驱动力。学校应该积极开展法治讲座、专家讲学、学术争鸣、热点关注等学术活动,为大学生了解前沿的法律知识创造机会;举办演讲比赛、辩论赛、法律文书大赛等法律性质的文化活动,调动学生的积极性,使其发挥在学习上的主动性,自觉、自发地提高自己的素质;还可以将法律素材融入相声、话剧、小品等大学生喜闻乐见的文艺形式中,寓教于乐。

4. 开辟第二课堂,完善考核体系

法律知识的学习仅仅局限于课堂是远远不够的,只有积极发掘和开拓新的学习平台才能更好地提高法治教育的效果。学校可以尝试实施课后辅导的教学方法,建立课外问题咨询小组或者网络群,遇到疑惑可以进行讨论和研究,而且老师也可以利用讨论小组的形式,引导学生思考,培养学生的逻辑思维;开设法律专业选修课,为有学习法律知识兴趣的同学提供良好的平台;将法治教育纳入学校管理水平、教师业务水平、学生综合素质的考核体系中,科学、规范、全面地进行评估。

(二) 改善家庭法治教育

家庭是社会的基本组成单位,家庭法治环境的好坏将直接关系到孩子能否健康成长。现代社会物质生活较为丰富,家庭条件得到较好的改善,独生子女在学生群体中所占的比例逐年上涨,以自我为中心的意识在一些独生子女中逐渐产生,特别是部分家长过分宠爱，使学生的集体意识不断淡化，独立性也大大削弱。要想改变这种状态和趋势，就要对家庭法治教育进行改善。

1. 转变教育观念，提升综合素质

面对竞争日益激烈的社会，家长们普遍在学习上、生活上对孩子关注得无微不至，过度关注学生的学业和就业，然而对于孩子的法律等素质却很少顾及。在学习的压力和家长对学业的高度重视下，相当一部分大学生存在法律认知错误，很容易走入法律的禁区。因此，家长必须转变家庭教育观念，引导孩子走出学习的狭小天地，让孩子自觉学法、知法、懂法、守法，提升综合素质，学会付出、学会做人、学会劳动、学会正视挫折，抵制金钱的诱惑，使孩子能以健全的体魄、勤劳的习惯、良好的品格，不怕吃苦、不怕挫折的精神和抵制诱惑、自主自制的能力，走向更美好的明天。

2. 坚持亲身示范，营造温馨气氛

"其身正，不令而行；其身不正，虽令不从。"大学生的家长应当以身作则，用实际行动来教育子女。对于处于青春期的大学生，采取行为示范的方式所收到的效果，往往比抽象的说教更好。家庭教育的影响往往是潜移默化的，教育方式、家庭氛围等将在长期的作用下对大学生的意识产生作用，因此，要采取科学的教育方式，营造温馨的家庭氛围，使孩子在健康的环境中成长，身心协调发展。

3. 改善教育方式，促进感情沟通

随着社会节奏的加快，家长需要花费更多的时间和精力在工作上面，而工作往往会带来压力和情绪，这就会使家长在孩子的教育上缺少耐心和长久性，无法形成科学系统的教育机制。很多家长的教育方式简单粗暴、随意任性，缺失与孩子沟通交流的耐心和方法，因此笔者建议每个家庭的家长都应在自身家庭特点的基础上，根据子女的性格特点和学校教育安排，制定合理的情感沟通计划，学习家庭教育的科学方法，增加沟通交流的机会，提高教育子女的能力和水平。

（三）净化社会法治环境

优化社会法治环境是指在克服传统人治思想观念的基础上，不断优化法治的各个环节，具体论述如下：

1. 完善法律文本，规范执法司法

坚持民主立法、规范立法、科学立法。在立法时应注意主体的广泛性，尽可能吸收更多的社会成员参与立法活动，规范立法程序，完善法律体系。只有在公平、公正的社会环境中，才能激发学生学习法律、信仰法律、遵守法律和运用法律的热情，社会才能和谐。此外，还要进一步规范行政执法和司法履行，严格按照法律程序办事，使法律制定的本意得以实现，为大学生法律意识的增强营造良好的社会环境。

2. 引导舆论方向，明确道德取舍

舆论是一种看不见的媒介，却有很大的威力东欧剧变、苏联解体就是从舆论导向偏离正确方向开始的，并最终导致思想混乱和政权丧失。实践证明，只有坚持对舆论方向的正确引导才能更好地带动社会的发展和进步。在法治现代化和网络媒体迅速普及的今天，舆论导向尤为重要。新闻宣传应坚持法律原则，营造良好的舆论环境，合理疏导公众情绪，促进社会的和谐和进步。

道德的底线是法律，在法律的范畴中，我们要判断的是一个行为是否合法。法律规定了我们不能做什么，也规定了如果做了规定不能做的事，会受到什么惩罚，同时还规定了我们的责任。如果丧失了道德的评判尺度，那么道德的底线就会变得模糊不清，社会就会缺乏衡量道德与法律的标准，从而导致法治环境的混乱。

3. 规范网络行为，优化网络环境

大学生是21世纪国家建设的主力军，也是接触网络人数最多的群体，网络给他们生活和学习带来积极影响的同时，也不可避免地产生一些消极的影响，如何建设健康的网络环境已经成为不可回避的问题。网络环境的自由开放使人们的行为和思维与现实生活中相比少了许多束缚。对大学生来说，网络秩序的维护仅仅依靠道德素质还远远不够。立法机构必须建立健全网络管理的法律法规，执法机构也要加强对互联网的监督管理。校园网络环境的建设还要遵循网络传播规律，正确引导网上舆论，做大做强正面宣传，用正确舆论引导学生形成昂扬向上、团结奋进的网上主流舆论。

（四）引导大学生自我法治教育

大学生法律素质的提升要坚持内外结合的方式。大学生不应仅仅成为法治教育的对象，更应成为法治教育的主体。要充分调动大学生自觉学习和应用法律的积极性，鼓励他们通过多种渠道的学习，努力领会法律内涵，增强法律意识，把法律精神慢慢渗透到日常生活中去，从而达到"知"与"行"的统一。

首先，大学生应当加强对基础法律知识的学习。法律知识的应用和法律素质的提升是以掌握法律知识为前提的，只有具备了良好的法律知识才能更好地将其应用于社会实践过程中，从而使法律素质在法律知识的学习和应用的过程中得到提升，达到提高大学生法治教育实效性的目的。

其次，大学生应当拓展提高自身法律素质的渠道。由于上课时间有限，大学生学习法律知识的深度和广度都受到了不同程度的限制，因此，要想提高大学生法治教育的实效性，就要不断开拓法治教育的平台。特别是对于大学生自身来讲，发掘法律知识学习和应用的更多渠道，可以提升自身法律知识的储备和应用法律的能力。因此，大学生要通过多种渠道的学习，努力领会法律内涵，增强法律意识，把法律精神慢慢渗透到日常生活中去。

再次，大学生应当努力提高自身的权利意识。法律在规定人们应当履行义务的同时也赋予了人们保护自身合法权益的权利。除学习之外，大学生的日常生活中也会遇到很多的法律问题，学校、家庭和社会通过设定各种规章制度，指导并帮助大学生明确自身的义务，而大学生自身权利的行使却在不同程度上处于搁置状态。大学生一定要在遵守法律法规、认真履行自身义务的同时，勇于并善于行使自己的权利，当自身合法权益受到侵害时，拿起法律武器捍卫自身的合法利益。这不仅对于大学生自身有益，而且对于我国法治化进程有积极的意义。

第三节 大学生法治教育和道德教育

一、道德教育与法治教育相结合的必要性与基础

（一）道德教育与法治教育结合的必要性

1. 道德与法律自身的局限性

道德与法律虽然都是规范人们思想和行为的社会调控方式，但是它们都有各自的优势和缺陷。道德教育主要是通过对人的劝告、建议、倡导等方式进行引导。道德教育能否有效实施关键是看人们内心道德素质的高低，主要是靠人们内心的道德觉悟。道德的理想性、崇高性、自觉性、能动性，道德规范对人们生活的影响的深刻性、长远性、持久性，都是法律无法比拟和代替的。根据辩证唯物主义的矛盾原理，任何事物都具有两面性，道德也不例外。道德在具有自身优势的同时，也存在自身的缺陷，即道德毕竟是"软调节"，它对那些损害他人利益、集体利益、公共利益、社会利益的人或行为只能进行道义上的谴责，而不能进行强制性的制裁。由于道德只能对人们进行劝告和建议，倘若一个社会中人们的道德水准不高，再用道德进行劝诫就会显得很苍白无力，此时客观上就需要一种强制性的规范来对道德加以补充。这种强制性的规范就是法律。法律跟道德不同，它以国家强制力为后盾，通过明文规定人们的权利和义务，使社会成员明确知道什么可以做，什么不可以做，什么必须做，既有引导作用也有惩罚作用。但法律也不是万能的。它只能对人们的那些违反法律明文规定的行为进行惩罚。对那些仅仅违反道德而不违反法律的行为却无能为力。如《刑法》的一个鲜明特征就是法无明文规定不为罪，法无明文规定不处罚。也就是说只要《刑法》没有将某个行为

规定为犯罪,那么这个行为就不是犯罪,只要《刑法》中没有明确的法律条文规定要处罚某个行为,那就不能对这个人或者行为进行处罚。由此可以看出,道德与法律各有所长、各有所短,只有将二者结合起来,使它们相互促进、相互补充、内外结合、刚柔并济。"当道德对应受保障的利益无法维持,则就会诉求于法律形式,致使相关的道德理念和原则融入法律。"

道德与法的局限性表明,只有将二者有机结合起来,彼此取长补短,才能充分发挥各自的功能。高校的一系列教学实践也证明,法治教育对增强大学生道德教育的实效发挥了举足轻重的作用,是提高大学生道德教育质量的重要保证,反过来,道德教育也为增强大学生法治教育的实效发挥了重要作用。所以,我国高校在开展思想政治教育工作时,都大力强调道德教育与法治教育的协调,力求通过将道德的自觉性和法律的强制性结合起来以从整体上提高大学生的道德素质和法律素质,帮助大学生全面发展。

2. 道德教育与法治教育的受教育者自身的局限性

哈耶克曾说过:"一切道德体系都在教诲向别人行善……但问题在于如何做到这一点。光有良好的愿望是不够的。"道德教育发挥作用的方式主要是劝诫、建议等,以此来让人们进行自由选择,因此,人们遵守道德或者违背道德全凭个人的道德觉悟。但现实生活中种种违背道德规范的现象表明,单纯靠个体本身内在的道德觉悟来规范行为是远远不够的,因为在面对各种利益的诱惑时,人性的弱点就可能会暴露出来,即容易受利益的驱使而违反道德规范,这就是道德教育与法治教育的受教育者自身局限性的表现。因此,这种情形下就需要法律制度为道德规范的有效实施保驾护航,即道德通过借助制度的明确性、强制性来弥补自身软弱性和受教育者的局限性,增强道德自身的规范性、约束力。

典型的例证是新加坡的鞭刑,新加坡是以孔孟等儒家思想来治国的,到现在还保留和实行着鞭刑。这是因为鞭刑有着重要的作用:人体受了鞭刑之后,不但要在当时承受皮开肉绽的生理上的疼痛,由于鞭子所落之处留下的疤痕终生不会消退,身上有这样疤痕的人,一辈子都不再敢去公共浴所。遭受鞭刑的人还要承受很大的心理压力和痛苦。但是不得不说鞭刑是道德与法律的完美结合,鞭刑是法律施加的惩罚,所留的疤痕则是道德在法律施加惩罚之后的延续,它提醒和告诫人们,道德规范也是不能随意违反的,否则就要承受生理和心理上的双重痛苦。

3. 二者内在价值统一的必然要求

大学生道德教育与法治教育结合的必要性还在于道德教育与法治教育的价值统一性,即促进和实现大学生的全面发展是大学生道德教育与法律教育共同的价值目标。道德教育与法治教育的价值统一性从根源上取决于道德与法的价值统一性。二者不仅在社会价值与个人价值、当前价值与长远价值上是统一的,而且在政治价值、经济价值、文化价值上也是相统一的。对大学生来说，道德与法的价值统一性体现在以下几个方面。

一是道德与法都属于行为约束机制，保障社会秩序的稳定。道德与法都是规范大学生行为的重要手段，都是为了"惩恶扬善"，只不过道德是从内心层面约束人的行为，法则是从人的外在行为表现上规范人的行为。

二是道德与法都追求公平和正义。公平和正义是人类一直追求的重要道德价值目标和精神，也被古往今来的法学家看成法的首要的和最核心的价值。法是公平和正义的制度化载体，法应当体现公平和正义，这也是道德的要求，没有良好道德支撑的法律是恶法，也终将会以失败告终。

三是道德与法都是权利和义务的统一，并且权利和义务是对等的。虽然道德实践表明，道德规范中很多是对人的义务要求，但这并不是说道德规范中只有义务没有权利，良好的道德规范都是权利与义务的统一。比如，道德要求我们自己不能在楼道里堆放垃圾，同样的，当我们发现别人在楼道里堆放垃圾的时候，我们也可以用适当的方式去劝告和制止。法也是权利和义务的统一体，正如通常所说的没有无权利的义务，也没有无义务的权利。法律在赋予我们一项权利的同时必然会规定一项义务，在法律规范中，权利与义务就像一对双胞胎，如影随形。道德层面上的义务感是法律层面上义务感的基础，反过来，法律层面上的义务感又是道德层面上义务感的重要内容，二者互相包含、互相渗透，在内在价值上是统一的。

4. 高校实施素质教育的必然要求

通俗点说素质教育就是从人的发展和社会发展的实际要求出发，充分尊重学生的主体地位，充分开发学生的潜能，力求全面提高学生的各方面素质的教育。这里的各方面素质主要包括德、智、体、美、劳五个方面。素质教育与我们传统的应试教育截然不同。所谓应试教育就是以在考试中取得高分和只追求学校的升学率为目的的教育。这种教育忽视了学生的主体性和个性上的差异，也偏离了人的发展和社会的发展的实际需求，因而最终也免不了被抛弃的命运。因此，要实现人的全面发展和满足社会的发展要求，就要改变传统的应试教育的观念，树立素质教育的观念。素质教育已经成为当今世界各国教育的主流观念，这也是因为世界各国深知国家之间的竞争归根结底是人才的竞争。现在社会不仅需要专业方面的人才，更需要各方面素质全面发展的人才。因此，不断加强和改进大学生道德教育与法治教育，将二者有机结合起来是促进素质教育不断发展、实现大学生全面发展的重要工作。随着市场经济的发展，社会的不断进步，当今的大学生仅仅在学业上取得较高的成绩是远远不够的，现代社会更需要在思想政治素质、人文素质、心理素质、道德素质、法律素质等各方面表现良好的大学生。大学时期是大学生一生当中的最重要阶段之一，是大学生世界观、人生观、价值观进一步发展和完善的关键时期。江泽民同志曾在北京大学建校一百周年庆祝大会的讲话中说过："青年时期注重思想修养，陶冶情操，努力树立正确的世界观、人生观、价值观，对自己一生的奋斗和成就将会产生长远而巨大的作用。"①所以高校要加强对大学生的道德教育与法治教育，在其人格等非智力因素方面也给予良好的培养，帮助他们形成健全的人格，养成良好的道德素养和法律素养。

5. 我国构建社会主义和谐社会的必然要求

民主法治具体来说就是要充分发扬社会主义民主，切实实施依法治国的基本方略，这是对我国社会主义和谐社会的法治要求。公平正义、诚信友爱、充满活力、安定有序、人与自然和谐相处等五个特征主要体现为我国社会主义和谐社会的道德要求。这些都体现了党和国家对公民道德教育与法治教育的高度重视和关注，也表明了道德教育与法治教育在我国构建社会主义和谐社会中的重要地位和作用。大学生也是我国公民的重要组成部分，是我们中华民族的一份子，所以大学生要积极响应国家构建社会主义和谐社会的政策，努力培养自己的尊重意识、感恩意识、诚信意识、责任意识等现代社会的公民意识，在思想上和行动上高度重视对自己的道德教育与法治教育，将二者结合有机结合起来，实现优势互补，从内外两方面规范自己的言行举止，保持知行相一致，才能保障自己在全面建设小康社会和构建社会主义和谐社会的过程中具有良好的道德素养和法律素养，不至于在各种利益的诱惑下迷失方向。在我国全面建设小康社会和构建社会主义和谐社会的进程中，大学生要尽自己的最大努力为我国构建社会主义和谐社会贡献一份力量，这也是我国构建社会主义和谐社会对大学生的必然要求。

（二）大学生道德教育与法治教育相结合的理论基础和现实基础

1. 理论基础：人的全面发展理论

（1）马克思关于人的全面发展理论的基本内涵。

人的全面发展理论是马克思诸多教育理论中最重要的教育理论之一，当今世界上的大多数国家也是以人的全面发展作为国民教育的根本目的。我国在制定一系列的关于各个阶段的教育政策、方针、文件的时候也是以实现人的全面发展为根本出发点和最终归宿。马克思对人的全面发展的定义是："人以一种全面的方式，也就是说，作为一个完整的人，占有自己的全面的本质。"马克思关于人的全面发展理论的具体内涵体现在以下几方面：

首先，人的全面发展体现为人在能力方面的全面发展。马克思和恩格斯在人的全面发展学说中提到最多的就是人的能力的全面发展。马克思曾经说过："任何人的职责、使命、任务，就是全面地发展自己的一切能力。"恩格斯也曾说过，人的全面发展就是要"使社会全体成员的才能得到全面的发展"。需要注意的是，这里所说的人的能力不仅包含了人的体力还包含了人的脑力，不仅包含了人的各种现实能力还包含了人的各种潜在能力等。只有将上述各种能力全面地、最大限度地发挥出来，才是实现人的全面发展。

其次，人的全面发展体现为人在社会关系方面的全面发展。马克思认为，人的本质"在其现实性上，它是一切社会关系的总和"，人总是在一定的社会关系中生存和发展的，"社会关系实际决定着一个人能够发展到什么程度"。这是人类作为群居动物的典型特征之一。人是一种自然存在物，但更是一种社会的存在物，人既然生活在社会当中，就得与人交往，就得与人产生社会关系、发展社会关系、形成社会关系。没有交往、没有与他人发生社会关系的人就不能称之为社会意义上的人，因为他已经丧失了作为一个合格的人所必须具备的社会属性。前些年在报纸上所报道过的"狼孩"就是因为从小跟狼生活在一起，没有与人接触，丧失了其原本应该具有的社会属性而不能称之为"人"。所以人只要生活在社会上就要与他人交往，与他人发生社会关系，通过交往这个桥梁来实现自身与他人在工作、学习和生活中的各种信息和情感等的交流，进而不断地取人之长来补己之短，不断地丰富、发展和完善自身，最终实现自身的全面自由发展。

再次，人的全面发展体现为人在个性方面的全面发展。这是马克思在人的全面发展学说中讲述的人的全面发展的本质性内容。所谓个性就是每个人不同于其他人的特性，具体表现为个人在思想、语言、性格、行为、兴趣、爱好等方面的与众不同，就像世界上没有两片完全相同的树叶一样。通过对自己身边的家人、同事、同学等的观察，笔者也发现每个人都是不同的、有个性的。每个人都是不同的存在体，个性是人的重要存在方式，没有个性这个特质，就不能区分出你我，你也不能称之为你，我就不能称之为我。独立自主性、自觉能动性、独创性都是人的个性的内容。独立自主性既是个性的前提，又是个性的基础；自觉能动性则是个性的最根本的特征；独创性是个性的最高表现，独创性使每个人在世界上都是独一无二的，不可代替的。"每个人的自由发展是一切人自由发展的条件。"所以只有个性才能反映出人在发展过程中的特殊性和差异性，才是人的全面发展的最根本的内涵。

2. 人的全面发展理论对大学生道德教育与法治教育的理论指导的意义

人的全面发展不仅是现代教育的根本目的，也是现代教育的根本价值取向所在。当前我国对大学生实施的是素质教育，而道德教育与法治教育又是大学生素质教育的重要组成部分，所以人的全面发展学说也同样适用于大学生道德教育与法治教育。在大学生进行道德教育与法治教育的过程中也必须始终坚持以人的全面发展学说为理论指导，以实现大学生的全面发展作为最终的价值目标。反过来道德教育与法治教育也是实现人的全面发展的重要途径。人的全面发展理论对大学生道德教育与法治教育的指导主要体现在以下几方面：

首先，人的全面发展理论需要我们在教育过程中坚持以人为本的教育理念。人是教育的根本出发点和最终归宿，从古至今，一切教育都是围绕着人展开的，以人为中心的。中共中央在《中共中央国务院关于进一步加强和改进大学生思想政治教育的意见》中明确指出："坚持以人为本，贴近实际，贴近生活，贴近学生，努力提高思想政治教育的针对性、实效性和吸引力、感染力。"道德教育与法治教育同属于大学生思想政治教育，国家的这份文件对这两者都有重要的指导意义，要求我们在开展大学生道德教育与法治教育的过程，始终坚持以大学生为中心，一切为了大学生。大学生是我们国家的未来、民族的希望，大学生道德素质和法律素养的高低直接影响到我们国家的前途和民族的命运，所以在对大学生进行道德教育与法治教育的过程中要时刻以大学生为中心，在教育大学生、引领大学生的同时，尊重大学生，理解大学生，帮助大学生，充分尊重大学生的教育主体地位。

其次，人的全面发展要求我们对大学生实施素质教育。对大学生的素质教育是以人和社会发展的实际需要为出发点，以全面提高大学生的各种基本素质为最终目的的一种教育。大学生素质教育要求教育在面向全体大学生的前提下，同时要注意促进每个个体的充分发展。也就说，在对大学生进行素质教育的过程中，要对所有大学生一视同仁，不能区别对待，改变以往应试教育中只关注少数学生的发展的观念。同时，大学生虽然是我们社会生活中的一个重要的群体，每个大学生也有着很多群体方面的特征，但是我们也要看到在这个群体里大学生之间的个性差异。只有先找到他们之间的差异，才能在日后的教育过程中因材施教，根据他们自身的个性特征来制定符合个体的教育内容、教育目标、教育方法等。素质教育的目标是就促进大学生各方面素质的全面发展。随着我国市场经济的发展，特别是我国加入世界贸易组织（WTO）以后，世界各国之间的竞争日益激烈，人与人之间的竞争也越来越激烈，但这些竞争归根结底是人才的竞争。所以，要想增加国家的核心竞争力就必须不断提高人的综合素质。因此，当今的大学生仅仅在学业上取得较高的成绩是远远不够的，现代社会更需要在思想政治素质、人文素质、心理素质、道德素质、法律素质等各方面全面发展的大学生。因此，必须积极开展素质教育，不断提高大学生的综合素质。

再次，人的全面发展理论要求我们要重视大学生的实践教育环节。实践是才是检验真理的唯一标准，只有经过实践的磨砺和检验，才能促进大学生在能力方面、社会关系方面、个性方面沿着正确的方向前进。具体到大学生道德教育与法治教育相结合上就是要重视实践教育环节。对大学生进行道德教育与法治教育的过程本身就是一个教育和实践相结合的过程,通过开展各种有意义的道德教育活动和法治教育活动,如开展有关道德建设的演讲比赛、去敬老院帮助老人、帮助贫困地区儿童、去法庭观看审判、去监狱听取犯罪人的忏悔等等,在实践中进一步提高大学生的道德素质和法律素养。大学生通过课堂学习获得了一系列的道德知识和法律知识,但这些从书本上得来的知识毕竟是静态的,其中的某些知识和理论对大学生来说是"纸上谈兵"。只有让大学生走出校园,投入真实的生产和社会生活实践当中,让他们亲身参与,将课堂中学到的理论知识与具体的社会实践活动紧密结合起来,通过一次次的经历、一个个鲜活的例子,检验自己道德观念和法治观念的正误,从而不断提高自身的道德素质和法律修养。因此,坚持大学生道德教育与法治教育相结合就必须以人的全面发展学说为理论基础,以实现大学生的全面发展为根本出发点和最终归宿,不断提高大学生的思想道德素质和法律素养,促进大学生各方面素质的全面发展。

2. 现实基础:同属于大学生思想政治教育范畴

道德教育与法治教育相结合的直接现实基础就是道德教育与法治教育同属于大学生思想政治教育。中共中央、国务院《关于进一步加强和改进大学生思想政治教育的意见》要求:"认真贯彻《公民道德建设实施纲要》,以为人民服务为核心、以集体主义为原则、以诚实守信为重点,广泛开展社会公德、职业道德和家庭美德教育,引导大学生自觉遵守爱国守法、明礼诚信、团结友善、勤俭自强、敬业奉献的基本道德规范。"思想政治教育的内容主要包括了政治观教育、为人民服务、诚实守信、集体主义、社会公德、职业道德、家庭美德、法治教育、道德教育等多方面的内容。现阶段大学生《思想道德修养与法律基础》是我国高校对大学生进行道德教育与法治教育的最主要的载体。这门课程的主要任务包括以下几点:进行社会主义道德教育和法治教育,帮助学生增强社会主义法治观念,提高思想道德素质,解决成长成才过程中遇到的实际问题。①这门课程是我国所有的高等院校的必设课程,也是大学生在大学教育阶段的必修课,所以这门课程是我国高等院校对大学生进行道德教育与法治教育的主要渠道。这本教材并不是对道德教育与法治教育的简单拼凑,而是在阐述公共领域、职业领域和家庭领域的道德和法律规范时,力求实现道德教育与法治教育的融合,你中有我,我中有你,力求通过此举将加强大学生的社会主义法治观念和提高大学生的社会主义道德觉悟紧密结合在一起。当然《思想道德修养与法律基础》并不是对大学生进行道德教育与法治教育的唯一途径,还有包括电影、电视、广播、网络等各种媒体途径,还可以对大学生采取开展道德教育与法治教育的演讲比赛、模拟法庭、去敬老院孝敬老人、参加社区服务、去法院旁听等具体的形式。因此,必须充分利用大学课堂这个教育平台以及其他各种途径进行大学生思想政治教育,特别是"思想道德修养和法律基础"这个重要载体，充分发挥课堂教学在道德与法治教育结合过程中的重要作用。

道德教育与法治教育不仅是马克思主义教育理论的重要组成部分，也是大学生思想政治教育课中不可缺少的重要组成部分，二者都是帮助大学生逐步养成自觉遵守道德规范和自觉遵纪守法的良好的思想观念和行为习惯。单纯的道德教育或者法治教育都不能从内外两方面对大学生的思想和行为进行全方位的约束和规范，只有把道德教育和法律教育较好地结合起来，才能从内外两方面同时提高大学生的思想道德素质和法律素养，促使其思想和行为与现代文明社会的普遍要求相一致。这对培养大学生的守法道德观，让守法成为每个大学生的内在品德，成为大学生的道德追求具有重要的意义。也正是因为如此，大学生道德教育与法治教育同属于思想政治教育是二者有机结合的最直接的现实基础。

二、大学生法治教育与道德教育的内在一致性

(一) 指导原则的一致性：以人为本

"以人为本"是马克思主义人学的本质规定，它把人的发展作为其理论的核心，认为社会的一切进步与发展，离开人都将无法实现。"以人为本"的德育思想就是以人为中心，突出人的发展。"人是教育的中心，也是教育的目的；人是教育的出发点，也是教育的归宿；人是教育的基础，也是教育的根本。一切教育都必须以人为本，也是现代教育的基本价值。"以人为本是一种思维方式，它是对人在社会发展中的主体地位和作用的肯定；以人为本是一种价值取向，它强调尊重人、解放人、依靠人、为了人和塑造人。作为学校思想政治教育重要内容的法治教育与道德教育，必须以提升大学生素质为宗旨，把教育和人的幸福、自由、尊严、终极价值联系起来，以现代人的视野培养现代人，以全面发展的视野培养全面发展的人，通过培养社会所需要的合格人才来体现自身的价值。

1. 以人为本是现代法治精神的核心

"现代法治的核心价值意义就在于确信法律提供可靠的手段来保障每个公民自由地合法地享用属于自己的权利，而免受他人专横意志的摆布，充分发挥社会主体的自主独立性和能动性。"人是法律价值的承载者，只有以人为核心来进行法治教育和开展法治的各项工作，依法维护和保障人的自由和权利，为满足人的各种需要提供制度基础和法律保障，才能形成人们对法律制度的自觉认同。法治教育是人的价值实现的重要途径，它以培养自愿、自觉的守法精神和培植法律信仰为核心，倡导民主、平等、公平、正义、秩序、效率等现代法治理念，通过造就具有良好法律素质的现代公民来满足法治社会的需要。改革开放以来，我国大力发

展社会主义市场经济，不断加强社会主义法治建设，这些都离不开人的自由发展，人的价值开始受到重视。维护公民的人格尊严，尊重和保障人权，满足人的多样性需求，促进人的全面发展也必然成为法律的价值取向。

法律素质教育有助于培养大学生的自主意识、竞争意识、效率意识、开拓创新意识和权利义务观，提高大学生的创新素质、人文素质以及观察能力、想象能力、思维能力、分析问题和解决问题的能力等。②高校法治教育只有坚持以人为本的思想，针对大学生的特点，突出学生的主体性，以培养大学生的法治精神和法律信仰为宗旨，才能在学生心目中牢固树立"法律至上""依法办事"的思想，并自觉内化为行动的标准。"以人为本"是大学生法治教育的基本精神和必然的价值取向。

2. 以人为本是道德教育的核心

道德是人生存的一种方式，从实现人的价值看，道德教育的价值就在于提高、扩展人的价值，改善人的道德生活，实现道德对人生的肯定、引导和提升。现代道德教育具有突出的入学特征，核心思想是促进入的现代化，实现人自身的和谐、全面发展。按照人的全面发展和以人为本的内在要求，高校道德教育要培养人的道德主体性。主体性是人的本质属性，道德主体性的形成与发展，是主客体在相互作用的过程中主体自身建构的。它主要依赖于主体的学习、思考、体验、体悟、践履等活动，包括积极的外部物质性实践活动和内部的观念性活动，取决于主体自身的积极性、能动性与创造性的发挥。主体性的能动精神不仅使人获得道德知识、道德情感和道德判断力，而且落实在行为上，内化为自身内在的道德素质。高校道德教育坚持以人为本，就是坚持以学生为本，尊重学生的主体地位，调动学生的积极性与创造性，把代表学生的根本利益，促进学生的全面、和谐发展，作为道德教育的根本宗旨。以学生为中心，是以人为本理念的体现，符合受教育者全面发展的规律，目的是为全面提高学生的综合素质，培养学生的创新能力、实践能力和创业能力创造一个良好的环境。"无论从社会发展的要求，还是从道德的实践主体本质，或从教育培养能独立思维、有创新精神、有自主意识和自觉行为的个体来讲，以人为本，促进人的全面发展是新时代道德教育的核心思想。"

在经济全球化的时代背景下，具备较高道德素质、法律素质的大学生才能不断找到发展自身能力的机会，拓展个人发展空间，更大程度地实现自身价值。坚持以人为本，以提高人的综合素质、促进入的全面发展为目标是大学生法治教育与道德教育有机结合的人本基础。它指导我们用系统的思维把大学生法治教育与道德教育作为一个相辅相成的体系来进行整体的、综合的思考，决定了大学生法治教育与道德教育在教育内容、教育方法、教育过程和教育机制上实现有机整合的必然性与可行性。

（二）社会价值的统一性：政治价值、经济价值、文化价值的统一

法治教育与道德教育都具有社会功能，二者在政治价值、经济价值、文化价值上具有一致性。

（1）法治教育和道德教育具有共同的政治价值，即通过培养具有特定思想政治素质的受教育者，维护社会政治稳定、推动政治发展。政治价值在法治教育与道德教育的社会价值中居于首要地位，起着主导作用。它的主要内容包括巩固政权、传播政治意识、引导政治行为、造就政治人才、调和政治关系等。高校的法治教育与道德教育以马克思主义的意识形态为主导，通过传播占统治地位的政治思想、道德规范和法律规范，系统地对学生进行主旋律教育，其中包括共产主义理想教育，社会主义、爱国主义思想教育，集体主义教育以及社会主义法治观教育、道德观教育等，培养大学生坚定正确的政治方向，提高学生的政治判断力、鉴别力和选择力，促使学生发展政治参与的意识，形成较高的思想政治素质，从而更好地参与政治生活，形成和浩的政治关系。

（2）法治教育与道德教育的经济价值是指法治教育与道德教育具有调动受教育者的积极性，促使其主动参与经济建设，促进社会经济增长和发展的作用，即推动社会生产力发展的精神动力价值。法治教育与道德教育有助于大学生牢固树立建设中国特色社会主义的共同理想，提高社会主义觉悟，为其未来参与经济建设，坚持社会主义性质和方向提供可靠的保证。而且，法治教育与道德教育能够培养大学生的非智力因素，提高自身的思想道德素质、法律素质和心理素质，激发学生的主体意识，帮助他们树立自由竞争、优胜劣汰、平等互利、等价有偿、诚实守信等市场经济意识。法治与道德教育可以对大学生进行心理调适、情绪调控、人际关系调适和利益调节，教育学生树立正确的利益观念，正确处理国家、集体、个人三者之间的关系，引导大学生理性地追求个人利益，将来通过诚实劳动、合法经营、科技致富等途径获得物质利益，从而形成奋发向上、开拓进取、崇尚奉献的良好氛围，形成有利于经济发展的道德环境和社会心理环境，为经济主体提供精神动力和道德激励，从而推动经济发展和社会全面进步。

（3）法治教育与道德教育作为社会意识形态的组成部分，包含于文化之中，其价值体现在文化传播、文化选择和文化创造方面。作为人类特有的精神生产方式，法治教育与道德教育担负着更新人的思想观念、锻造人的精神品格、调节人的心理、激发人的创造潜能等重要使命。从某种意义上说，法治教育与道德教育的过程就是政治文化（包含法律文化）与伦理文化的传播过程，其目的就是要实现个体的政治、道德社会化。高校的法治教育与道德教育把培养学生的爱国主义情感、弘扬民族文化和民族精神放在首要位置，在经济全球化的时代背景下，旗帜鲜明地倡导中国特色的社会主义文化，充分发挥它们在思想政治教育方面的价值导向作用，引导舆论方向，净化精神领域。在文化交流日益频繁、意识形态渗透日益深入的背景下，法治教育与道德教育要发挥其文化选择的作用，帮助大学生树立正确的文化观，提高文化选择的自觉性，引导大学生在中西文化交流和冲突中正确进行文化选择和合理吸收。同时，法治教育与道德教育在传播政治文化、伦理文化的过程中，还要不断地对其进行整理、组合，并以最恰当的方式传递，充分发挥其文化创造的功能。

（三）教育目标的一致性：促进大学生全面发展

马克思主义人学把人的发展作为其理论的核心，认为社会的一切进步与发展离开人都无法实现，人的自由和全面发展是社会发展进步的标志。

1. 人的全面发展是法治教育的最高价值目标

法律是由人创造的，是人为自身制定的行为规则。从法律的起源看，它是人类社会发展到一定阶段的产物，是基于人类社会不断进步与发展的需要而产生的；从法律的历史演进过程来看，它以人权和人的全面发展为价值导向，匡扶正义、扶危济弱，确保和维护人的个性发展的自由空间，实现社会的安定有序发展。因此，法律必须承载着人类社会的基本价值。从根本意义上说，人是法律的目的，法律必须为人服务，以促进人的全面发展为最根本的价值指向。

当前，我们正在实施"依法治国"，建设社会主义法治国家。"法治的调整对象是人的行为，规定的是人的权利和义务，维护的是人的秩序，追求的是人的发展，实现的动力是人的实践。法治的起点、终点、目标和手段都离不开人，抛开人的法治是不可想象的。……法治必须服务人，法治的终极价值目标是人的全面而自由的发展。"法治的精神在于尊重人的价值，保障人的权利和自由。它以人格的尊严与价值为基础，以权利的平等为核心，以个人的自由和社会的平等作为价值目标，为实现人的全面发展创造自由和平等的空间。因此，人的全面发展是法律的最高层次的、具有终极意义的价值，它内含着法律价值的全部追求，也是法治教育的最高目标。

2. 人的全面发展是道德教育的最终目标

道德是人类在改造自然和改造社会的实践活动中自觉需要的产物，是个体生存和发展的内在本质追求。道德本身不是目的，而是达到实践主体之目的的手段。马克思主义者认为，道德不是外在于人、强加于人的东西，而是内在于人，是人们自我肯定、自我发展、自我实现的一种社会形式。道德直接指向发展人的潜能、解放人的个性、创造人的生活，因而具有强烈的目的性，即服务于人的不同层次的需要，为了人的全面发展。

道德教育具有目的性价值，即道德教育不是把人作为社会的被动客体来塑造，而是把人作为社会主体来培养，提高个体的主体意识，培养个体的主体人格，促进个体自由而全面的发展，这是道德教育的最终目标。道德教育只有对个体的全面发展需要给予充分的关注和重视，才能深入人的内心世界，发挥教育对象的能动性，挖掘个体思想道德潜能中的积极因素。道德教育必须不断强化主体的道德意识，培养道德情感，使其自觉参与道德活动，并在活动中锻炼道德意志，提升道德境界，逐步形成社会所追求的道德理想，造就人的内在道德品质，从而培养全面发展的人所需要的道德人格。高尚的道德人格反映的是社会进步所需要的道德价值——真、善、美。因此，道德教育提倡和弘扬人的个性，能够激发人的潜能，它通过对人的道德品质进行全面、系统、科学的培养，使主体形成健全和高尚的道德人格，同时又能顺应人性、尊重人、关心人、爱护人，激发人对真善美的追求，最终实现促进人的全面发展的目标。

（四）性质相同：共同归属于思想政治教育

思想政治教育是指社会或社会群体用一定的思想观念、政治观点、道德规范对其成员施加有目的、有计划、有组织的影响，使他们形成符合一定社会、一定阶级所需要的思想品德的社会实践活动。思想政治教育的根本目的是要不断提高人们的思想政治素质，促进人的自由和全面发展。要达到这一目标，思想政治教育的内容应该包括以下五个方面：世界观教育、政治观教育、人生观教育、法治观教育、道德观教育。

社会主义法治观教育是对人们进行社会主义民主与法治教育，使人们正确认识社会主义民主，正确行使民主权利，自觉遵守国家法律和纪律，维护社会主义的法治秩序。教育部、司法部联合发布的《加强学校法治教育的意见》明确规定："学校法治教育是学校德育的重要内容。"《中国普通高等学校德育大纲》提出的德育目标之一是："树立社会主义民主法治观念，自觉维护和遵守中华人民共和国宪法和法律；正确行使法律所赋予的民主权利，自觉履行法律所规定的义务，知法、守法、用法，维护学校和社会稳定。"因此，法治教育是思想政治教育的重要内容，在思想政治教育中起着基础的作用。

道德观是指人们对道德的根本看法，是个体理性、情感和实践的有机结合，具体包括道德认识、道德需要和道德行为三方面的内容。道德观教育就是通过传授道德知识，提高受教育者的道德认识、升华道德情感、增强道德信念、强化道德行为的一种活动。对大学生进行道德观教育，就要认真贯彻《公民道德建设实施纲要》，以为人民服务为核心、以集体主义为原则、以诚实守信为重点，广泛开展社会公德、职业道德和家庭美德教育，引导大学生自觉遵守爱国守法、明礼诚信、团结友善、勤俭自强、敬业奉献的基本道德规范，并引导大学生从身边的事情做起,从具体的事情做起,着力培养良好的道德品质和文明行为。而共产主义道德教育、社会公德教育、职业道德教育、恋爱婚姻家庭道德教育,一直是思想政治教育的重要内容。因此,道德教育是思想政治教育必不可少的一个重要组成部分。

在社会上层建筑体系中,道德观和法治观都属于思想道德体系,而非法律体系;在现代化建设中,两者都属于精神文明建设,而非政治文明建设。②两者都是为了培养人们的责任意识、规则意识。对大学生进行的马克思主义法治教育与道德教育都是马克思主义理论的重要组成部分,有助于大学生养成自觉遵守道德要求、自觉遵纪守法的意识。二者共同归属于思想政治教育。

三、法治教育与道德教育相结合的原则与机制

(一)树立德法结合并重的教育观

道德和法律是人类社会关系的两种重要调整方式。道德对于人的良好品格和价值观的形成起着重要的塑造作用;法律为社会的发展提供了一种更强有力的社会规范调整体系,对人的权利的实现、道德义务的履行起着重要的保障作用。道德的内化机制和法律的外化作用共同促进了人的全面发展和社会的稳定,推动了人类文明的历史进程。纵观东西方法律与道德文化发展的历程,我们可以看出,中国传统上重德轻法,重义务轻权利,一直强调道德对人的发展的重要作用,甚至以道德代替法律来调控社会,导致人们普遍法治观念淡薄、法律意识模糊;与之相反,西方国家重法轻德,重权利轻义务,一贯以法律作为调节人的行为的主要准则,不可避免地造成了当前西方道德的普遍危机。这表明,人类社会的健康发展在一定程度上有赖于道德与法律的共生互动而构成的复杂系统和完善的脉络体系。道德与法律的结合可以使道德的内化作用与法律的外在制约作用互补整合,为整个社会营造一个良好的道德法律环境,更好地实现人的全面发展。

"依法治国"与"以德治国"的并重、结合体现了社会发展对道德和法律的双重渴求,以及公民对道德与法律的双重需要。坚持"依法治国"和"以德治国"相结合,要求高校必须加强法治教育和道德教育,把思想道德素质和法律素质的提高共同融入思想政治教育中:通过加强对大学生人生观、价值观、道德观教育,使其在遵循基本的道德义务的基础上追求更高层次的道德境界,成为一个道德高尚的人,成为社会主义事业的合格建设者和可靠接班人;通过加强对大学生民主法治教育,使其从理论和实践上搞清民主与法治、民主与集中、自由与纪律、权利与义务的关系,增强民主意识、公民意识和国家主人翁意识,牢固树立法治观念,以实际行动自觉维护国家的长治久安。

当今世界人与社会发展的现状、趋势及需求，强烈地要求塑造完整的教育体系，促进人与社会朝着符合人性的方向和谐、全面发展。要塑造完整的教育体系，培养和谐、全面发展的人才，必须改变单一的、分割的教育观，树立结合、并重的教育价值观。法治教育与道德教育都是构成大学生思想政治教育不可或缺的部分，强调道德教育而忽视法治教育，或者以道德教育代替法治教育都是不可取的。只有这两部分教育相互结合、相互渗透、相互作用，才可能是一种"完整的教育"，而且，当今越来越多的思想家和教育家都日益倾向于把道德教育与法治教育看成是一个整体。西方各国学校德育的成功经验之一，就是坚持德法并举，把法纪教育融入道德教育中，实现二者的有机结合。法治教育与道德教育的结合，不是思想政治教育的道德取向与法治取向的简单相加，而是它们在教育思想、教育价值观与功能观、教育制度和课程编制等方面的全方位的、多层次的渗透与结合。坚持法治教育与道德教育的结合、并重，就是要把道德化的法治教育和法治化的道德教育的作为一个有机整体，发挥其对个体的精神道德和法律意识平衡发展的教育作用，更好地实现人的全面发展。

（二）确立法治教育与道德教育有机结合的原则

法治教育与道德教育是思想政治教育的重要组成部分，当然应该遵循思想政治教育的基本原则。但是，将法治教育与道德教育相结合的思想引入思想政治教育，就要对这些基本原则进一步完善和发展；同时，法治教育与道德教育都有各自特定的教育内容，二者的结合必须确立与之相适应的原则。

1. 教育性与管理性相结合的原则

教育性是指教育者通过理论灌输、思想引导、榜样示范等教育手段使受教育者形成社会所期望的思想政治观念。管理性是指教育者借助法律法规、行政命令、规章制度、校规校纪等管理手段来规范受教育者的行为。教育性与管理性相结合的原则，是指在高校思想政治教育中，既要采取说服教育的手段对受教育者晓之以理、动之以情，又要采取强制性的手段对受教育者的行为进行规范，二者并用，相互结合，相互促进，以更好地取得思想政治教育的实效。

由于人的思想观念、政治观点、道德、法律意识并不是先天就有的，而是人们在自身社会化的过程中后天形成的，其获得的第一途径就是接受教育，因此教育性是思想政治教育的重要原则。心理学表明，人的思想政治观念的形成除了直接教育外，可以通过人的自身行为得到强化或削弱，而人的行为是外在的，可以通过严格的管理来规范。因此，管理性是思想政治教育充分发挥作用和功能的必要原则。教育性与管理性相结合的原则是思想政治教育的一个重要原则，它集中体现了道德教育与法治教育相结合的思想。道德教育重在通过教育进行思想引导，法治教育重在通过管理规范行为。坚持教育性与管理性相结合的原则，要求高校在法治教育与道德教育的过程中，既要坚持不懈、耐心细致地对学生进行思想教育，又要科学、规范地对学生的行为进行管理，使思想政治教育与严格的管理相配套、相统一，使教育与管理密不可分，构成一个有机整体。

2. 先进性与广泛性相结合的原则

"先进性是指高校在进行思想政治教育工作时，一定要把代表中国先进文化前进方向的思想、政治、道德、法律观念传达给受教育，引导其思想向着高层次的理想追求。广泛性是指受教育者在思想、政治、道德、法律的实践要求上，要充分考虑社会发展现阶段大多数人所能达到的水平，确立现阶段应守持住的底线。"先进性与广泛性相结合的原则，是以德治国与依法治国相结合的思想在高校思想政治教育中的具体体现，是法治教育与道德教育相结合所必须坚持的原则。

由于德治是以道德为尺度来规范人的行为，法治是以法律为尺度来规范人的行为，道德和法律在规范人的行为方面是有层次差别的。一般来说，法律是人们必须遵守的最低层次上的行为规范，依靠国家的强制力来执行；道德是社会提倡的较高层次的行为规范，靠社会舆论监督来实施，不具有强制性。从道德意义上讲，法律是最低层次的道德要求，法治教育是底线的公民道德教育，具有平等性与广泛性的特点。但这种底线的道德教育是公民教育必不可少的。同时，先进性是我国公民道德建设的理想追求，也是道德教育所追求的理想目标。《公民道德建设实施纲要》指出：坚持把先进性要求同广泛性要求结合起来，要从实际出发、分层次，着眼多数，鼓励先进，循序渐进，积极鼓励一切有利于国家统一、民族团结、经济发展、社会进步的思想道德，大力倡导共产党员和各级干部带头实践社会主义、共产主义道德，引导人们在遵守基本道德规范的基础上，不断追求更高层次的目标。道德教育的先进性追求，使得受教育者在生产与生活中能够按照道德的、人性的要求进行价值的定位，从以生命价值、物质利益为主升华为以精神价值为主，以实现道德教育的最终追求。

德治与法治相结合体现出规范人们行为的层次性，这就要求高校在进行思想政治教育的过程中，坚持先进性与广泛性相结合的原则，把道德教育的先进性要求与法治教育的广泛性要求相结合。一方面，以先进性为引导，把共产主义的理想、公而忘私的崇高精神、舍己为人的崇高品格等代表中国文化前进方向的思想传递给学生，以高尚的精神塑造其理想的人格；另一方面，以广泛性为基础，把社会主义的共同理想、为人民服务的思想、集体主义的原则，以及爱国守法、诚实守信、团结合作、敬业奉献等适应现阶段社会主义市场经济发展且大多数人都能达到的思想道德准则，作为对大学生的基本要求。坚持广泛性，才能守住基本的思想道德底线；坚持先进性，才能有更高的理想和追求。只有坚持先进性与广泛性相结合的原则，才能脚踏实地、循序渐进、立意高远，培养出建设中国特色社会主义所需要的有理想、有道德、有文化、有纪律的"四有"新人。

3.他律性与自律性相结合的原则

他律性是法律的突出特征。法律是由国家制定与认可的，主要调整人们的外部关系，要求人们的行为绝对服从它的规则与命令。法律要产生社会功效，必须借助国家意志的"他律"。而自律性是道德的重要特点。柏拉图曾说："德性是心灵的秩序。"也就是说，道德主要支配人们的内心活动，人心灵中的道德观念是人生的指南针，决定着一个人的价值目标、价值取向、生活方式、行为方式等。因此，法律可以称之为他律的规则，道德可以称之为自律的规范。从一般意义上讲，属于"他律"的法律与"自律"的道德要得到实现，公民都不可能自发做到，必须依靠公民道德教育与法治教育的结合。长期的法治教育可以使受教育者具有较高的法律素质、清醒的法律意识、坚定的法律信仰，对法律产生一种深刻的道德认同感，认为法律必须遵守并养成遵守法律法规的习惯。这时法律的外在强制的"他律"就转化成为遵守法律的"自律"。

道德自律是指道德主体依靠自身内在的约束力，自觉地按照道德原则的要求对自己的行为习惯进行自我调控、自我约束，或者把外在的道德规范转化为自身的道德行为。道德的"自律"主要依靠道德主体自身的内在动力、主观能动性、自觉性、主体性。道德教育使道德主体形成内在的道德良知、道德判断力和道德意志力，并最后表现为主体的自觉的道德行为。因此，只有通过法治教育把法律规范内化为个体的守法行为习惯，才能实现对个体行为的外在强制的"他律"；只有通过道德教育，把社会道德统一内化为公民的个体道德，才能实现个体的"自律"。法治教育与道德教育的结合，能够实现教育在功能上的强制与自觉、有形与无形、他律与自律的结合，更好地达到思想政治教育的育人效果。

由此可见，他律性是实现自律性的必要条件和必经环节，自律性是他律性所追求的必然结果，他律性与自律性是对立统一的，二者相辅相成，相互转化。要实现法治教育与道德教育的有机结合，必须坚持他律性与自律性相结合的原则。

4.主导性与主体性相统一的原则

主导性和学生主体性相结合是思想政治教育应遵循的一个原则。在思想政教育中，教育者与受教育者都是具有主动性、能动性和个性化的人，都具有教育的主体性。二者之间不是主体与客体的关系，而是主体与主体之间的关系。即从"教"的角度看，教育者是对受教育者施加影响的主体；从"学"的角度看，受教育者是参与教学的主体，是自我教育和自我发展的主体。因此，思想政治教育的过程就是教育者与受教育者双主体之间双向互动的过程。虽然教育者和受教育者都处于主体地位，但二者发挥的作用并不相同。在思想政治教育过程中，教育者处于支配地位,起着主导作用,设计并控制着思想政治教育的全过程,组织和引领教育对象参加教育活动,使其形成特定社会和阶级所要求的思想品德。因此,主导性是教育者的主体地位在教育活动中的体现。同时,教育者必须把受教育者视为主体,把他们看做有自我意识、有能动作用、有人格个性的独立主体,充分发挥受教育者的能动性、自主性、创造性,不断发展和提高受教育者的思想道德水平。主导性与主体性相统一的原则体现了思想政治教育中对教育者引导责任的强调和对受教育者主体地位的尊重。

坚持这一原则,要求高校在法治教育与道德教育的过程中,要辩证地处理教育者和受教育者的关系,既要充分认识到教育者所担负的主导责任,发挥其积极性、主动性和创造性,培养和造就一代又一代的社会主义新人,又要充分尊重受教育者的主体地位,发挥他们的自主性、能动性和创造性,满足他们自我成长的需要。主导性与主体性相统一的原则是法治与德治相结合的思想在高校思想政治教育中的反映。从法治的思想出发,要以教育者为主导,对受教育者进行严格的管理,向其提出明确的行为规范,把他律作为培养受教育者自律不可缺少的手段;从德治的思想出发,要以教育对象为主体,对其进行耐心细致的说服教育,充分尊重他们的自我选择,把培养受教育者的自觉自律作为教育的最终目的。教育者主导性和受教育者的主体性相结合,能够相互促进、相互影响,实现受教育者的思想水平、政治觉悟、道德品质等不断在广泛性的基础上向先进性递进。

总之,坚持德法结合、并重的思想,确立法治教育与道德教育相结合的原则,为创立法治教育与道德教育的结合的机制及探索二者结合的途径提供了思想指导。

第四节　大学生创业法律意识的培养

大学生就业问题是高等教育大众化背景下的一个重要问题,处理不当更会影响社会的稳定与发展。而转变思路,用创业来打破传统的就业观念,以创业带动就业,这是解决现有问题的重要方法。创业法律意识的培养是新形势下大学生转变思路的重要一环,关系着创业行为的实施与否,正确的创业法律意识更关系着创业行为的成败。针对我国大学生创业法律意识仍旧薄弱的现状,有必要探索大学生创业法律意识的培养策略。

一、营造支持创业活动的社会氛围

(一)加强媒体舆论对创业法律意识的宣传工作

要做好宣传创业法律意识的相关工作,就必须充分发挥媒体的喉舌作用。媒体是先进知识、信息、资源的传递者,是推动社会进步的重要力量。媒体包括报纸、杂志、广播、电视等四大主要方式,还有互联网、手机、户外广告等多种形式。在多样化的宣传手段中,媒体工作者要做到紧紧围绕有效宣传这一主题,增强新闻的敏感性,考虑社会舆论反应,加强舆情分析,创设话题引导大众参与创业实践的一些有偿活动,提高大众对这类信息的兴趣,加强对创业类信息、政策的宣传解读,拓展宣传阵地。加强各种媒体舆论的全方位宣传,深入剖析我国新形势下对创业型人才的需求量,解读我国就业形式现状,积极引进国外大学生创业教育的优势经验和典型事例,打破传统的就业观念,以创业教育理念为出发点,打造高等教育的新型就业观,深入贯彻落实科学发展观,避免片面夸大就业创业过程的某些局部困难,从维护社会稳定的高度理性认识当前大学生面临的就业和创业困境。

要充分认识互联网作为"信息集散地"和"社会舆论放大器"的作用和影响力,探索网络舆论引导的有效办法,努力提高运用新兴媒体开展宣传思想工作的能力。在面对来自家庭的阻力时,社会舆论的正确导向是至关重要的一环。正确发挥传媒的宣传作用,在日常生活中慢慢渗透适宜创业活动兴起的社会氛围,不夸大不唱衰,以客观、全面的创业事例给大学生以参考,倡导理性对待创业,让公众能够从被动接受信息到主动了解具体内容,影响家长和学生的就业观。

根据美国的有效经验,社会舆论也能给予创业者关注和支持。社会中的一些知名杂志,如《美国新闻》《世界报道》《成功》及《创业者》等都用大篇幅持续报道创业教育类新闻。《成功》及《创业者》每年都对美国所有高校的创业教育开展状况进行排位,排位的高低将直接影响高校下一年的生源和经济收入,并且也是对于创业教育水平的一个评价。《华尔街日报》《商业周刊》等著名商业报刊也多次对成功创业者和企业进行报道,这些文章烘托了创业者的社会地位与形象,为新人加入创业活动奠定了良好的社会氛围。中国中央电视台也推出了《赢在中国》《创新中国》等以创新创业为主题的节目,旨在带动创新创业型国家的社会氛围。

(二) 多方协作促进创业活动的开展

舆论的导向作用是毋庸置疑的,政府出台福利政策也是吸引大学生着眼于创业活动的重要因素。根据美国的经验,在经历了经济大萧条之后,美国社会孕育出了很多适合创业的条件,所以在上世纪80年代美国的创业教育获得长足的发展。最直接的体现包括:政府领导者意识到中小企业可以为社会创造更多的就业岗位;创业不再局限于一小部人中,基于政府的政策扶持,越来越多的人可以承担起创业失败的风险;通过创业,非富裕阶层的人多了一条进入上流社会的通道;

信息技术的发展降低了创业的门槛；全球丰富多彩的创业演讲使人们对创业有了全新的认识，促进了创业的发展。由此可见，创业活动的开展需要社会、政府、高校形成合力，共同为之努力。

作为大学生创业的坚强后盾，政府应该在政策、后续资金支持和培训等方面提供全方位的支持，包括建立创新就业基地、创办信息咨询中心，在政策方面降低贷款要求、提供培训、免税、企业帮扶、开通执照办理绿色渠道、政府合资等等，进而形成合作发展互相帮助的良性创业体系。信息咨询中心要为大学生提供全面的法律、流程、规章制度等方面的信息，避免大学生创业走弯路。此外，政府应该发挥强大的组织能力，组织成功的创业家和创业大学生之间进行交流，组织风险投资机构向创业大学生讲授如何规避资金风险等活动。政府可以建立专业的交流平台，实现大学生创业者与企业家、风险投资之间的交流对话。为了保证创业者能得到持续的资金来源，政府部门可以组织工作人员定期回访，敦促创业者尽快还贷以便得到持续的贷款，也可以为大学生创业者开辟便捷通道，提高各方面的效率，避免给创业者带来负面影响。

大部分大学生在创业初始阶段饱受启动资金不足的困扰。为了缓解创业大学生的筹资压力，我国现已实行了小额贷款贴息政策，为资金紧张的大学生提供助力。或者以学校推荐的方式向社会展示优秀的大学生创业项目或发明创造，换取企业、社会基金的投资，让学生获得启动资金，这种方式应该给予更多的推广。在公司创建方面，国家各部门降低了大学生创办公司的门槛，放宽条件，降低公司注册资金标准，对一些注册程序涉及的部门产生的费用予以减免。这些都给大学生创业奠定了包容、支持的氛围，为创业法律意识转化为创业实践添加动力。

政府的扶持使大学生的创业活动得到强有力的庇护，而高校创业活动的开展同样离不开社会的广泛支持和赞许。为了推广创业教育，由共青团中央、中国科协、教育部、全国学联、地方人民政府联合举办的全国创业计划大赛成为高校宣传创业教育和创业思想的重要手段。从1999年开始，参与高校逐年增加，参赛作品数量也呈几何级数递增。2013年的"挑战杯"全国大学生课外学术科技作品竞赛有来自454所高校的1195件作品进入终审决赛。但是也要看到，创业计划大赛的官方色彩过于鲜明，企业参与力度不够。这使创业大赛也流于形式，后劲不足，没有达到激发创业兴趣的效果，也没有把创业法律意识作为一个先进理念深入传播到学生中去。

（三）社区提供对创业行为的支持

社区可以为大学生创业教育提供广阔的舞台，属于大学生创业的重要组成部分。院校应加大和社区合作的力度，让教育和社会相适应，一起服务于大学生的创业，丰富大学生创业平台。

社区对大学生的生活有着至关重要的影响。所以社区在帮助大学生创业方面有着得天独厚的优势。一方面，社区企业可以为大学生的创业能力的养成提供广阔的舞台；另一方面，社区教育可以为大学生的创业提供源源不断的人员支持和信息交流平台。依托丰富的社区教育资源，可以构建丰富的创业教育实习基地，最大限度地开发社区资源，吸引各方面的人才。社区资源优势可以使大学生创业教育更加完善。

中国的社区教育在资源方面有着得天独厚的条件，这都是尚未被重视的。所以，我们应该重视社区教育，实现社区和高等院校的优势互补，建立良好的社区高校合作渠道，最大限度地参与到社区的管理中去，使教育资源得到最大程度的发挥，通过高等院校和社区的强强合作，将理论转化成实际，为社会的发展增添新的活力。实践性是大学生创业教育不可缺少的因素，利用社区的优势地位将教育资源进行有效整合，这样在实现教育功能的同时还可以衍生出新的功能。

（四）依托区域经济开展大学生创业实践

在我国，地方高校数量占全国高校总体数量的九成以上，在校大学生数量同样占了总体的九成左右，地方高校不仅是推行高等教育大众化的前沿阵地，更肩负着将先进的教育理念转化为符合各地方形势的重要职能。目前来看，很多地方高校在推行和完善创业教育体系时，缺乏将创业教育立足于区域经济大背景的意识，不能结合本区域的优势条件制定具体措施和方案开展相关教育。这使得大多数高校的创业教育"千人一面"，都按照试点校的已有经验和模式生搬硬套，缺乏区域特色。事实上，高校的创业教育最终也要服务于区域经济的发展，任何创业教育的开展都不能脱离社会而独立运行，因此，每一所地方高校都应该认真面对教育与区域经济的有效结合，针对区域经济，打造大学生实践基地，提高大学生创业实践的成效。

我国幅员辽阔，各个地方情况各异，成功的政策或创业教育模式并非适合全国各省市的高校推行，因此笔者认为，除去中央的政策指导大的发展方向外，各省应根据自身的实际情况，联合专家学者，合理地制定出适合本地学生创的政策，研讨出适合本省高校学生创业的模式。加强校企沟通，以企业领导者的经验教训和教师的理论开阔学生的视野，增加财政支出和社会福利机构的资金援助，设立创业园、科技园等实践基地供学生实践所学。高校的创业教育成果也能够推动区域经济更好更快发展。例如美国硅谷的发展和繁荣就得益于美国斯坦福大学以及加州大学等优秀大学的科技力量。我国北京中关村科技园、武汉光谷等，也是依托于周边高校创办的科技园或实践基地，坐拥众多创新型科技人才而发展壮大，并且形成了一些属于自己的品牌。

由于经济发展状况的不同,各区域对于人才需求的类别也各不相同。笔者认为,地方高校应该结合本地区的具体形势,联合企业、政府,认真研究本区域紧缺人才的类型,由政府牵头架设大学生创业实践基地,给大学生创造更多接触创业、接触实践的机会,着重培养本地紧缺的对口人才。对于有创业法律意识的大学生,当地企业可以免费提供锻炼的机会,营造适宜创业实践的氛围,留住稀缺人才,以达到创业教育反哺区域经济的效用。对于非本地紧缺型的人才,高校可以以院或系为单位,单独与本区域内的同类企业合作,落实创业实践行为,为大学生增添实际经验,促进各区域间人才的流动,缓解人才分布不均的现象。

二、大学生个体自觉培养创业法律意识

(一) 转变对创业的态度

清华大学科技创业者协会的同学们说得好:"创业是一种精神,创业是一种意识,创业是一种素质。创业不是个人行为,创业是合作和表率。创业不是攫取私利,创业是奉献与无私。创业者是坚定的爱国者,富有激情的实践者,艰苦创业的实干家。"这是对自主创业的最深刻理解,不能全面理解其深刻内涵,就不能获得自主创业的成功。

内化创业法律意识首先要需要大学生了解和认识当前的就业形势,了解到就业的多种形式,打破唯招聘就业的观念,在考研、公务员之外,认识到自主创业这种全新的就业方式也是选择的,树立大学生的创业法律意识,转变传统的就业观念。从一味依赖学校、家长推荐就业岗位的旧观念转向不等分配找市场、创业即就业的新观念;人人从一而终、安于现状的旧观念转向从事多种职业、开拓进取的新观念;从强调专业对口的旧观念转向不唯对口专业的新观念;从求稳定、求高保障、求高效益的旧观念转向不求就业求创业、创业有为、创业光荣的新观念。众所周知,国家之所以支持高校毕业生创业,主要是培养学生的独立创新精神。但是中国高校的实际则是,只有很少的人选择创业作为自己的就业方式,造成这种状况的原因是大部分人没有形成独立创业的意识和精神。应该把成功创业者作为榜样,增强想创业的高校毕业生的决心和胆量,鼓励和支持更多符合条件的高校毕业生去创业。

(二) 完善自身对创业素质的认识

创业素质是创业能够成功的重要保证,包含意志、知识、品行和性格在内多方面要求。创业实践不能盲目去尝试,大学生要加强对自身创业素质的提高,具备健康的心理是创业成功的必要因素。创业是一项艰苦的事业,选择了创业那么

各种困难和压力便纷纷而至。所以对于那些想创业的刚毕业的大学生而言,良好的心理素素质是必要的,同时还要培养自己具有适合创业的各项技能。创业的过程极具挑战性,它要求创业者各方面的能力都很强。

第一,创业者要具有丰富系统的知识体系,特别是关于经营、管理、计算机、法律、税法以及专业方面的知识等。

第二,创业者必须要有异于常人的素质,比如胆识、勤奋、刻苦、自律、自立等,具有独立思考的能力,能够把握自己命运,有明确的目标。

第三,创业者要有具有突出的能力,比如统观全局的思考能力、权衡利弊的决策能力、团结大众的组织指挥能力、通权达变的协调能力、应对复杂局面的应变能力、科学判断形式的能力等。

(三) 积极参加创业实践活动

大学生首先要做好迎接各项困难的准备,计划好自己的职业方向。一方面,步入大学之初就应该努力向创业方向发展,时时刻刻为今后的创业做准备,积极参加学校组织的各项创业大赛、努力学习专业知识、扩大知识面、加强身体锻炼、参加社会实践,避免社会与学校的脱节,对创业和就业有一个正确的认识。另一方面,要调整自己的创业心态,努力地把对创业的恐惧、担心、怀疑、彷徨的负面心理调整为积极、乐观、顽强、真诚的正面心理,做出对创业的理性接纳。

对于现代的大学生而言,科技创业、自主创业并非遥不可及。在信息科技如此发达的今天,大学生都能学到全面而丰富的知识,都具有无穷的潜力,主要是看你是否有毅力去发掘自己的潜能。一般大学生都有独立思考的能力、严密的逻辑分析能力、超强的口头表达能力,最大限度地发掘出这些潜能,能极大地提高大学生的创新创造能力。大学学习期间,在努力学好书本上知识的同时还应该多参加社会实践,从社会中学习,避免学校与社会的脱节。要用怀疑的眼光去发现学习中遇到的各种问题,而不是被动地接受知识。在学习中要善于总结经验教训,形成自己思考问题的方式,对于问题的细枝末节要敢于穷追到底,在尝试、失败中发现自己的缺点不足并改正,培养与他人的合作能力,学习优点,使自己的潜能得到充分的发挥。大学生应该争取各种机会锻炼自己的实践能力,使得理论与实践相结合。多接触社会,多参加各种形式的社会实践,对大学生综合能力的提高特别重要。近年来,通过学校组织的各项创业实践活动,许多同学受益匪浅,有的已经形成了一定规模的经济效益。这可以从流行于各大校园的"挑战杯"得出结论。高校学生可以自己组队,或者是加入导师的研究团队进行科研项目的训练,或者参加学校的开展的创业竞赛等,这都可以在不同程度提高学生的适应能力、沟通能力、团队精神和表达能力,同时也锻炼了大学生的思维创造能力。学校只有为学生提供良好的创新氛围,才能发掘出更多的创造型人才,创业教育的明天才会更加灿烂辉煌。

三、高校健全创业教育实施与实践体系

(一) 正视创业教育的学科地位

作为大学教育重要内容之一的创新创业教育,其学科地位毋庸置疑。但是,目前创新创业教育或是包含于技术经济学科,或是包含于企业管理学科。创新创业能力的培养在大部分高校眼里并未成为高等教育主流教育体系中的一部分,更有甚者,一些高校仅以就业教育的补充内容的形式将创业教育对即将毕业的同学进行讲授,校园文化建设中创业法律意识的培养逐渐缺失,学生们对创业及创业教育的认识不足。毕业生创业法律意识薄弱,故而进行自主创业的毕业生也大幅减少。

面对国际教育潮流的强烈冲击,面对创新型国家建设的号召和残酷的就业压力,功利化倾向在大学创业教育观念中普遍存在。许多高校对创业教育的理解庸俗化,致使创业活动始终徘徊在获得利润和创造财富的功利性层面,始终没有升华到把社会责任作为己任来发展事业的境界。创新与创造被这种认识和实践平庸化为简单的操作和技巧,忽略了创新和创业能力的深刻基础。只有实现创业教育的去功利化,踏实严格地从基础做起,博采众长,兼收并蓄,才能较好地迈出创业教育的第一步。

(二) 完善高校的创业教育模式

创业教育不仅需要有深厚的理论知识作为基础,更要注重实践在教育中的重要作用。因此,在创业教育模式的探索中,要摆脱传统"讲学式"教育观念的束缚,打破原有的框架,以多样化的教学方式呈现创业教育的内容。高校在创业教育的教学中,有的采用有特色的案例进行有针对性的教学,有的模拟场景,让学生进行现场的管理和操作。笔者认为,理论知识的完善再结合这种实践性较强的教学是大部分高校都可以践行的一种教育模式。

创业教育的目的之一是培养出具有高素质的毕业生。埋首书本、理论大于实践的大学生不是创业教育的培养目标。如果想要真正让学生做到活学活用,有理论能实践,就必须将二者结合起来,将教师主导型课堂转变为学生主导型课堂。授课教师应营造热烈愉快的氛围,活跃大学生的思维,充分调动每一个人的积极性,用生动的案例结合理论知识,激发大学生对于创业教育的热情,使学生主动对创业教育的问题进行接纳和思考,由"我不得不学"转向"我想学""我一定要学",自发汲取相关的知识和新闻,丰富知识储备,开阔眼界。除了课上的理论知

识的传授外，没有条件的学校可以让学生进行假期的短期小创业，或者进行校内模拟经营，丰富学习生活的同时也能检验所学。有条件的学校可以搭建校内实践基地，由学校和外联企业共同出资，配备有丰富经验的企业家与专业教师共同指导。初期，可以让学生利用寒假、暑假或者日常节假日的实践去合作企业进行观摩，了解企业运行的模式以及工作人员职能的具体分配，从而对一个企业的运作有一个详尽的了解，明白企业内部日常工作的处理。对有意创办公司的同学来说，还能够了解到创办公司需要哪些技能，需要具备哪些品质，以此明确自己需要努力的方向和填补的地方。在对创业行为有一定的了解之后，学校可以以实践课的方式要求由学生自己写出创业计划书，并在校内实践基地进行小规模的实践。没有明确创业方向的同学可以对老师的研究项目进行实践，或者由企业家和教师共同研究出一个适宜学生特质的创业方向，并进行实践。在实践自己的创业项目的过程中，学生对理论知识能够有更深层次的理解，并且能够做到以理论带动实践，学会科学创业，使创业教育真正脱离纸上谈兵。同时，针对学生在创业实践中出现的能力不足、心理状态不成熟等问题，学校也可以及早发现并引导其进行调整和训练。每学期末，可以由学生自行选题，对本学期内进行的创业活动进行总结或阐述，并针对本学期的学习实践状况做自我反思，以学期论文的形式进一步激发大学生对创业活动参与的积极性。最后，一个合理的创业教育模式同样离不开科学的评价机制。学校应及时对理论与实践教育教学中取得的成果进行阶段性评价和总结，不断反思怎样在现有的教育条件下进行更高效的教学，这样也有利于教学质量的提高和课程体系的完善。

（三）注重正确理性的创业法律意识的渗透

第一，高校自身需要对创业教育的开展有一个正确和理性的认识。什么是创业教育，为什么要开展创业教育，怎样开展创业教育，创业教育要取得一个怎样的效果，在这些问题上，学校的价值观取向会在教育教学中潜移默化地影响到大学生的创业法律意识。高校在进行教育活动时，更多的是思考教育本身，而缺乏对教育之外的问题的思考。教师只负责教学和研究，完成教育内容之后，需要关注的只剩下就业率的问题。一直以来，受传统就业思想的影响，大部分高校对于毕业生就业率存在一个误区，认为高就业率即是学校教育的最好成果。这种观念也影响了毕业生的就业观念，认为要先就业，再考虑择业问题，至于工作是否适合自己、是否真正发挥了自身价值的问题并不重要。在这种观念的引导下，毕业生选择一个稳定的岗位就业的观念根深蒂固。随着创业教育纳入高校的整体教育体系，高校应清醒地认识到，传统的就业教育的观念已经不能满足现代社会、现代大学生的实际需求，学校教育更应该从学生个体素质出发，挖掘潜能，为大学生指明更适合自身发展的就业方式，抛去功利化想法，从长远角度思考每个大学生的未来。

第二，创业教育教师应该引导学生树立正确的创业法律意识。学生首先要明确创新型国家的建设需要创业型人才，现实的就业压力使创业型人才将占有更有利的地位。具有创业素质的大学毕业生能够更快适应就业岗位以及创业活动，具有创业素质的大学生也能够更好地实现个人价值。因此，大学生应该明确创业教育并不是一个短暂的浪潮，而是对于国家、社会、自身都具有长远利益的教育。这种认识有利于大学生正确认识创业教育。此外，鼓励大学生进行创业并不是需要每个人在接受创业教育后，都必须开创自己的公司、企业，而是注重具有创业素质的人才的培养，在具体的就业方式选择上，仍然要以区域经济需求、大学生自身素养、个人兴趣爱好为参考。有些大学生认为创业就是为了得到更高的金钱回馈，对于这种错误的观念，学校应及时进行纠正，引导学生将目光放到自身价值的实现、国家社会的繁荣上去，培养学生的正确科学的创业法律意识。

（四）聘请企业家为导师成立创业问题咨询机构

由于我国创业教育起步较晚，缺少专门研究创业教育的教师，而创业教育教师要求除了具有深厚的理论基础外，还要具有丰富的创业实践经验。短时间内，这种高实践性的专业人才的缺口无法弥补，为了让更多的大学生受到专门人员的指导，我们可以通过学校出面，聘请成功的企业家为外聘导师，以成立创业问题咨询机构的方式来聚集人才，为对创业有兴趣的学生提供有效的指点和帮助，以填补实践类导师的不足。

我国的创业教育很大程度上还停留在宏观教育理念层次上，没有完整的知识体系和课程结构做支撑，缺少可操作性。目前创业教育类专业学术期刊较少，理论教材也相对匮乏。这给创业教育的教学带来了一定的困难，并且，熟悉理论知识又熟悉创业实践经验的双料导师数量较少，创业实践平台搭建不及时，这些都会影响创业教育的效果。现在，我国高校的创业教育大多拘泥于校内自行开展，缺乏走出校门、联合企业的创新精神，而社会上成功的创业者的经验，是埋首研究的教师所不具备的。聘请企业家做导师可以减轻学者型教师身上的负担，留出时间完善创业基础理论的研究，同时也能满足更多大学生的现实需求。

基于现阶段的发展状况，高校可以从理工类、经济类、文史类等各行各业挑选有能力、有时间、有激情的企业家，组建一支专攻创业实践问题咨询的导师队伍，每月定期组织讲座、聚会、研讨会，介绍新型创业方向，交流创业资讯和成功经验。对于有志于创业的大学生，可以由适合的企业家一对一进行创业设计。对于已经创业的大学生，针对创业中出现的问题，也可以在研讨会等形式中作为案例，集思广益，做出具有针对性的解决方案，开阔大学生的思路，提供切实有效的帮助。例如，美国的高校规定，教授创业教育的教师必须具有成熟的创业经验，百森商学院更规定授课教师必须是已经进行过成功创业的创业者、实业家、风险投资家或企业高管，通过他们的亲身经历教给学生关于创业的宝贵经验。结合中国的实际，我们也可以这样去做，吉林省有企业家协会，可以由企业家协会与高校联合起来，解决企业家导师的问题。

总之，创业教育在中国的发展任重道远，中国的创业教育根基尚不扎实，教育教学的实施需要合适的教育者承担。创业教育教师水平也直接关系到创业教育的质量和学生的接受程度，要建立起一支高水平的教师队伍仍然面临着大量的现实困难。这就要发挥高校、社会、政府的合作力量，集合各领域的优秀人才，创造条件推动创业教育教师队伍的壮大，同时，将各国的先进创业教育优势经验中国化，打造属于中国的创业教育力量！

第五节　当代大学生法治教育的途径

一、社会拓宽法治教育途径

（一）开展执法司法实践教育

执法司法实践教育是指相关执法和司法机关及他们的工作人员，在日常工作实践过程中较为具体地使用法律，把这种过程作为一种教育途径，使大学生受到它的影响，从而达到受教育的目的。这种活动客观、真实，并且深入生动，在《人民法院组织法》《检察院组织法》中均有相关规定。此外《民诉》和《刑诉法》也有相关的涉及。这种法治教育表现在执法或者司法活动的很多环节，比如相关案件的受理，立案、侦查、开庭、最终结果的执行等。让大学生参与这些实践活动，可以达到预期的效果，因为现实往往比理论更具有说服力和影响力。

（二）传媒法治教育的开展

传媒法治教育是沟通法律与社会主体的桥梁，将立法、执法、司法的法治实践和法律文化、信息通过一定的传播媒介传导，最终达到影响接受者的目的。具有现代化和制度化的传媒要素是法律文化效果得到良好的传播的中介要素。在当今社会，法律传播主要依靠社会各界的大众传播，通过社会各界的努力，让法治文明和法治文化深入人心。在这个过程中，各种杂志、书刊、电视、及形式多样的广播作用巨大。在现代化的今天，电视尤其普及，法治教育可以加大各类电视节目的宣传力度，向大学生群体传播多种法律文化信息。

（三）开展职业继续法治教育

社会日益发展，人们生活水平不断提高，活动范围越来越广，这导致法律的调整范围不断增加，法律规范本身的内涵也越来越丰富，形式也越加复杂，社会各个行业也必须紧跟时代步伐，调整自己的行业规范。大学生也应该注意这种现象，及早地了解和自己以后所从事的职业相关的法律规范，为大学生毕业后走上岗位遵纪守法提供基础。我们知道，根据我国社会化的相关理论，职业继续法治教育其实就是人的个体社会化的继续进行。随着时代不断进步，社会日益发展，人们的价值观也在不断发生变化，大学生群体在学校接受的各类法治教育已经不能适应社会的发展，需要自我不断学习进步。同时，社会的发展，法律的不断完善，也给个体提出了更新的要求，这就更要求大学生继续社会化。综上所述，职业教育是各类大学生完成个体社会化、进行法治理念培养和继续深化的重要途径。

二、高校重视法治教育

（一）构建高校大学生法治教育的完整体系

1. 加强高校领导对大学生法治教育的重视程度

大学生法治教育工作的顺利开展，离不开高校领导的重视，只有他们重视起来，大学生法治教育这项长期、艰巨的任务才能得到积极稳妥的推进。如果不能充分得到这些领导的重视，高校大学生法治教育将面临缺乏组织保障的困境，因为组织保障是我们开展大学生法治教育的不可或缺的条件。此外，为了保证大学生法治教育能够长期进行下去，高校领导要推动相关的职能部门进行制度体系的建设，即实现大学生法治教育的制度化。在资金的预算上，高校领导要尽量向大学生法治教育这项工程倾斜。

在日常教学活动中，《思想道德修养与法律基础》课程成为高校进行法治教育的主阵地。这门课由高校的马克思主义理论工作者负责，比如西南财经大学马克思主义学院的全体老师就承担着全校学生的法治教育工作。思想政治教育工作是一个庞大的系统，而法治教育就是这个系统的子系统之一，是这个系统不可或缺的组成部分。我们应该充分肯定西南财经大学马克思主义学院的全体老师在对财大学生进行法治教育所发挥的积极作用。但是，从另一方面来说，这些老师专业性往往不是特别很强，缺乏一定的司法实践经验，这给他们更好地讲授这门课带来了一定的挑战。如果高校领导不能够加大对这方面的投入，特别是不能在资金上进行有效的支持，将不能使之更加有效地开展大学生的法治教育工作。

2. 加强高校法治教育师资队伍建设

加强大学生法治教育，最重要的是拥有一批法律专业知识过硬、政治素质高、实践能力很强的专业教师队伍，改变曾经政治干部充当法律教师的局面，培养一批深谙大学生思想特点、热爱大学生法治教育这项工作、法律素养较高的教师队伍。加大在教学一线从事法治教育工作的老师培训力度，而且，这是一项长期的工作。高校法治师资队伍的建设，对于开展大学生法治教育的成效起着很大的作用。此外，从校外聘请兼职教师也是一个不错的选择，这些兼职教师可以是法官、检察官，也可以是律师，这样可以进一步充实高校法治教育的师资队伍。

3. 加强优秀的高校学风和校风建设

要进行法治教育，校风学风建设是必不可少的。高校应该以各种形式来开展高校校风学风宣传活动，比如通过橱窗、报刊、课外活动等。另外，还要通过建立严格的校规校纪规范大学生行为，保障大学生身心安全，在全校营造良好的学习氛围。如果一个高校学习风气败坏，那大学生也不会具备好的思想素质和道德法律素质，更不会具备高度的社会责任感，更谈不上懂法守法。高校建设纪律严明的校规校纪是提高大学生思想道德素质、法律意识、社会责任感的重要途径，也是建设良好校风学风的重要措施，更是强化大学生法治教育的保障。

4. 形成大学生法治协同教育机制

丰富大学生法治教育内容，除了单纯的传统法律基础课程外，还需涉及大学生思想品德教育和心理健康教育，将德育、心理健康教育与法治教育相结合，形成大学生法治协同教育机制。

（1）法治教育与德育相结合。从狭义的角度来讲，法律是道德的进一步升华，二者都是人与人，以及人与社会之间行为规范的制约条款。道德是人们日常生活中约定俗成的行为习惯，法律则是国家为了规范人们的行为而强制实施的，二者都需要人们自觉遵守。只不过触犯了法律就要受到严格的惩罚，道德规范则要求人们自觉遵守，强制性相对较弱。因此道德与法律在内容上是相容的，具有共同的功能和目的，二者是互相渗透，相辅相成的。道德是法律的基础和前提，没有道德的法律犹如没有地基的高楼，法律得以顺利执行除了有国家强制力的支撑外，更重要更本质的支撑是人们的道德素质。法律的目的是规范人们的行为，道德高尚的人，行为自然合情合法。只是法律比道德范围更广，强度更深。因此应该将大学生法治教育同思想道德素质教育联系起来，这是加强大学生素质教育的要求，德育提高大学生的思想素质，法治教育提高大学生的法律意识，二者相互促进。

（2）法治教育与心理健康辅导相结合。大学生最明显的特点就是正处于成熟期，是人格、心理稳定的关键时期，也是人生观、世界观、价值观形成的重要阶段。如今的社会每天都在发生变化，大学生们面对着信息量如此庞大、如此复杂多变的社会环境，很多问题都不知道如何处理，本来就未成熟的心灵在某一事件的促发下很可能爆发心理危机，导致校园危机事件的发生，有的甚至导致犯罪。

恶性心理危机事件的发生对学校、家庭和社会都会造成很大的负面影响。高校应该对大学生进行心理健康教育，提高大学生危机意识，同时对其进行法治教育，防止"问题学生"伤害他人和社会，将法治教育和心理健康教育联系起来，帮助大学生学会以正确积极的方式处理各种问题。

（二）发挥思想政治理论课对大学生法治教育的主渠道作用

在学校中，大学生思想政治教育课是大学生接受法治教育的主要途径，通过它来加强大学生法律意识，实现学生法律知识的真正普及。大学生是特殊群体，他们思想观念新，接受知识快，并且正处于人生观和价值观的重要形成时期。老师们应该采取灵活方式，调动校园的学习氛围，有效利用学校资源，结合学生自身特征，采取相应方式，提高大学生法律意识。同时，思政理论课老师要注重理论结合实际，针对学生的特殊性，调整课程知识结构，重视法律教育的时效性，加大普及法律知识的力度，在进行课堂学习的同时也要进行课外实践，通过理论和实践相结合不断丰富大学生的法律知识，让大学生在生活和学习中树立起法律意识，懂得自我维权或者帮助他人行使合法的权利。这些从长远来看，都有重要作用。

首先，教材要统一思想，并且要体现特色。笔者建议应该准确定位大学生法律课程，充分考虑非法学专业学生的能力和自身情况，把各个高校的优秀老师集中在一起，发挥各自优势，编出符合学生实际情况的教材。在教材中可以尝试穿插法学界的热点话题和案例，把法学基本理论和常用法律法规知识贯穿在课本中，在每个章节后，都标明这个章节的重点、难点问题，还要注明参考文献，最好配套相关的练习题，通过这些强化课堂知识，同时，引导学生课后正确复习，实现预期的效果。其次应该改变传统的教学方式，通过多媒体等先进的手段进行知识传播。在网络化的今天，应该把各种先进的现代教育技术引进到法学教育中，通过电子教案、形式多样的网络教程，使学生积极参与到课堂讨论和学习中，通过这些外部途径的改善，提高法治教育质量，增强学生法治理念。

其次，丰富法治教育教学内容。在学校，老师是教育者，学生是受教育者，我们应该加强教学者教学方式和理念的转变，实现从传统灌输方式向现代注重培养学生学习意识的方式转变。法律涉及范围广，内容多，法律知识随着时代的发展不断完善，不断深入。我们知道，通过法律知识体系去传播法律，这仅是一种手段，最终目的是在大学生中树立法律意识。学校法治教育最终要达到的效果是，培养学生们的法律理念和对法律的信仰，让学生在日常生活中懂得遵守法律、运用法律，最终保护自身利益。教师要注重在日常的生活中培养学生注重细节，让学生养成良好习惯，并通过自身行为不断进行巩固，从而强化自身的法律意识，让权利、义务、公平等法律意识深入学生脑海，督促学生日常行为，从而维护自身权益。高等学校注重对大学生法律意识的培养和教育任务虽然艰巨，但意义重大，需要长期坚持。通过不断努力完善自己的校园管理体制，充分发挥这些规范、制度的作用，努力培养学生的法律意识，最终保证学校工作正常展开。

第三，改革法治教育教学方法。良好的教学方式将有助于教学目的的最终实现，有益于引起学生的注意，有利于实现老师和学生的正常互动。只有调动学生对法律的热情和改进学习法学知识的方法，才能更好地实现教学效果。改变教学方式就变得尤为重要，如老师要善于挖掘学生的长处，鼓励学生独立学习，积极思考，并且实践创新，实现师生良好互动。在具体操作上，要从以下几方面着手：

（1）注重案例教学法。以往的法律基础课教材大多都以理论为主，注重法律结构和概念，案例很少，比较枯燥。高校法律基础课时安排少，课后学生很少去翻阅教材和参考书，借助课本在有限的时间内很难达到学习目的，因此我们可以尝试案例教学。老师和学生可以在上课前搜集比较典型的相关案例，在课堂上分析讨论，并且进行最后评价。这样既可以实现师生互动，又保障了学生对知识的接受。

（2）讨论式教学法。老师在过去的教学中大多采用课堂灌输方式，学生被动接受和吸取知识。而要发挥学生的积极性和能动性，必须要改变策略，实现学生为主体、老师为引导者的角色转换。牢牢树立学生为本的理念，采取讨论式教学法，积极吸引学生参与到其中，在老师的正确引导下，师生良好互动，最终提升学生的积极性，达到事半功倍的效果。

（3）感受教学法。这种教学方式强调充分尊重学生的个体地位，教学方式从封闭走向开放。它的主要特点是把学生的作用看得很重，引导他们积极参与并感受课堂氛围，把课堂知识学习课外社会实践两者相结合，达到教学目的。比如采取模拟法庭，或者去临近司法机关观摩案例，以案说法，引导学生真正感受到法律的权威和力量，增强他们对法律知识的理解和认识。

第五章 大学生法治精神培育概述

第一节 大学生法治精神培育的内涵

习近平指出,"法治是人类文明的重要成果之一,法治的精髓和要旨对于各国国家治理和社会治理具有普遍意义。"一般而言,法治精神是法治的内在引擎、思想精髓和价值体现。目前,学界对法治精神内涵的界定尚未达成共识。笔者赞同"法治精神可指法治和良法善治的理想和价值取向,即依法治国和良法善治精神"的观点。党的十八大以来,习近平高度重视法治,紧紧围绕坚持全面依法治国发表了一系列重要论述,深刻回答了新时代为什么实行全面依法治国、怎样实行全面依法治国等一系列重大问题,形成了习近平法治思想,充分彰显了坚持中国特色社会主义法治道路、贯彻中国特色社会主义法治理论、建设中国特色社会主义法治体系的基本精神,为法治中国建设指明了前进方向,也为大学生法治精神的培育提供了根本遵循。

一、新时代加强大学生法治精神培育的重大意义

新时代,重视法治、厉行法治、弘扬法治精神已经成为全党和全社会的共识。大学生作为法治中国建设的生力军,是法治精神的践行者和传播者,对大学生开展法治精神的培育意义重大。深入贯彻习近平法治思想,必须领会其基本精神与核心要义,从不同维度加强对大学生法治精神培育必要性和重要性的认识。

(一)时代之维——全面推进依法治国的必然要求

习近平法治思想内容丰富,涵盖全面依法治国的指导思想、发展道路,工作布局和重点任务,充分体现了全面依法治国这一党和国家重大战略部署的基本要

求,为大学生法治精神的培育提供了思想引领,也提出了新的更高要求。法治精神是全面依法治国、建设法治中国的核心和灵魂,没有牢固的法治精神,法治建设就缺乏强有力的主导价值观的支撑,就难以把握法治发展的正确方向,法治的最终目标也难以实现。进入新时代,习近平明确提出"要深入开展法制宣传教育,在全社会弘扬社会主义法治精神"的要求,多次强调"法律的权威源自人民的内心拥护和真诚信仰……必须弘扬社会主义法治精神,建设社会主义法治文化,增强全社会厉行法治的积极性和主动性",要求"把法治教育纳入国民教育体系,从青少年抓起",夯实依法治国的群众基础。大学生群体是我国社会主义法治国家建设的践行者和推动者,对其进行法治精神的培育能够为他们正确树立法治意识提供内生动力。贯彻落实习近平法治思想,要求高校积极回应全面推进依法治国对大学生法治精神培育提出的新要求和新挑战,切实承担起法治育人的重要使命,引领大学生自觉成为法治精神的传播者和践行者,通过青年群体自身对社会整体的影响力和感染力,有效推动法治精神成为全社会的价值取向和目标,为中国特色社会主义法治国家建设提供不竭动力。

(二)价值之维——践行社会主义核心价值观的内在需要

习近平认为,青年"处在价值观形成和确立的时期,抓好这一时期的价值观养成十分重要",勉励广大青年自觉践行社会主义核心价值观。"法治"作为社会主义核心价值观之一,"既是国家的价值目标、社会的价值取向,也是全体人民尊法守法用法护法的价值准则",它贯通于整个社会主义核心价值观之中,具有不可替代的独特地位和作用,是其他核心价值目标实现的重要保障。没有良好的法治保障,其他核心价值的实现都不可能是稳固的、可持续的。弘扬和践行社会主义核心价值观,需要从"法治"着手,通过培育公民的法治精神,增强法治意识、提升法治素养,而对大学生法治精神的培育则更为重要。当今世界正经历百年未有之大变局,国际形势进入动荡变革期,我国进入新发展阶段,制度优势显著但发展不平衡不充分的问题仍然突出。国际国内"两个大局"之下的新矛盾带来的价值冲突和意识形态挑战,对处于价值观形成期的青年大学生来说影响尤为深远。法治精神的培育对促进核心价值理念认同、推动社会主义核心价值观入脑入心具有积极作用。新时代,加强大学生法治精神的培育,既有助于解决当前弘扬和践行社会主义核心价值观遇到的深层次矛盾和问题,使其更为理性地运用法治思维和法治方式分析和解决现实问题,也有助于引导他们在复杂的环境中把握主流价值,坚持正确的立场、观点和方法,这亦是让社会主义核心价值观落地生根的重要途径。

（三）目标之维——高校立德树人功能的本质要求

习近平多次强调，教育的根本任务是立德树人，"思想政治理论课是落实立德树人根本任务的关键课程"。新时代高质量发展对人才培养提出了越来越高的要求，法治精神作为大学生不可或缺的基本素质之一，在大学生全面发展和健康成长中具有不可忽略的作用，也是培养中国特色社会主义事业的建设者和接班人的必然要求。"法治精神是法治的灵魂。人们没有法治精神、社会没有法治风尚，法治只能是无本之木、无根之花、无源之水。"而大学生合法权益遭受侵害事件的发生以至大学生违法犯罪案件的出现，则反映出大学生法治意识的淡漠和法治精神培育的效果不容乐观。作为社会成员的一部分，大学生尊法信法的意识和守法用法的能力对其形成健全的人格具有很大影响。而作为社会成员中接受高等教育的群体，"他们的法治自觉程度以其特有的作用影响着全社会的法治意识"，并在法治中国建设中发挥着特殊作用。在高校通过系统地、有目的地向大学生传授法律知识，培养其树立正确的法治价值观，不仅有助于大学生坚定对法治的信仰以及在行为上自觉践行法治精神，而且有助于促进其良好道德素养的形成，这是贯彻落实习近平法治思想"进教材、进课堂、进学生头脑"的现实需要，也是高校坚守"立德树人"的题中应有之义。

二、新时代大学生法治精神培育的现状及问题分析

改革开放特别是进入新时代以来，我国高校法治教育的持续深入开展，对大学生法治意识的增强和法治素养的提升发挥了重要作用，有力地促进了大学生法治精神的培育，大学生对法治精神的认知认同感明显增强。然而，由于对大学生法治精神培育特殊重要性的认识不足以及法治精神培育本身之艰难，目前尚存在许多不尽如人意之处。诸如在课程体系构建上未能充分发挥各门思想政治理论课在法治精神培育中的整体性、协同性作用，存在着重"思想道德修养与法律基础"课（以下简称"基础"课），轻其他思想政治理论课程的倾向；在法治精神培育渠道上未能彰显实践教学的独特优势，存在着重课堂教学轻实践环节的倾向。同时，教师队伍建设亦亟待加强。认真研究和解决这些问题，既是贯彻落实习近平法治思想，全面推进依法治国，加强和改进大学生法治精神培育的现实需要，也是高校全面落实立德树人根本任务，提高大学生整体素质、促进大学生健康成长的长远需要。

（一）相关课程体系需进一步完善

当前，绝大多数高校对大学生法治精神的培育主要是依托思想政治理论课程，特别是其中的"基础"课来进行。"基础"课从其教材内容、教学目标和价值等方

面都强调了培养大学生法治观念、提升大学生法治素养的目标任务，高校往往大都将其视为培育大学生法治精神的主要课程，而对于其他思想政治理论课程在大学生法治精神培育方面的作用往往重视不够，对其中所蕴含的法治资源亦重视和利用不足，在一定程度上导致教学内容相对单一、融通不足，没有形成更为完整的法治教育教学体系，这也是目前对大学生进行法治精神培育难以系统性、有效性开展的一个重要原因。同时，在学科专业日益细化的今天，人们对法治育人的理解尚存在着认识上的一些偏差，不少人认为大学生法治精神的培育就应该由思想政治理论课程来承担，而专业课程只需进行专业理论知识和技能的传授即可。"课程思政"是新时代提出的一种全新的教育理念，它与思想政治理论课程都有着相同的终极育人目标。但目前"思政课程"与"课程思政"还未真正形成共振和鸣的效应，高校整体法治育人的效果亟待加强。

（二）实践教学的独特作用需进一步发挥

毋庸置疑，课堂教学由于其自身所具有的系统性和集中性优势，在向大学生传授基础知识方面具有不可否认的重要作用。但课堂教学模式相对于思想活跃、易于接受新思想新事物的大学生来说又存在着一定的局限。新时代，实践教学作为一种新的教育教学模式，正在成为课堂教学的重要补充，越来越显示其在大学生法治精神培育中的不可或缺的独特优势。目前，一些高校对法治实践教学的地位和作用仍然重视不够，并缺少整体规划和具体部署，导致实践教学在事实上处于某种尴尬的处境：要么只有少数相对优秀的大学生参与到实践教学中来，通过以点带面的方式来进行；要么是把实践教学简单理解为每年组织一、两次参观活动，或以表面上的社会调查来完成实践教学任务；要么把实践环节的设计简单化，以布置课外作业形式由大学生自由完成。由于缺乏真实的、直观的法治实践和内心感受过程，大学生往往对法治精神的理解和把握仍停留在书本和课堂上，不利于大学生真正从内心树立起对法治精神的崇敬之情。法治精神的培育是一个复杂的过程，应更多体现为一种精神与价值的普及和提升，而实践教学的弱化或缺失则影响法治精神培育的实效。

（三）教师队伍建设尚需进一步加强

新时代的大学生肩负着坚持和发展中国特色社会主义、全面建设社会主义现代化国家、实现中华民族伟大复兴的历史重任，是全面推进依法治国、建设社会主义法治国家的重要力量。大学生法治精神的培育，是一项理论性与实践性极强的教育过程，需要一支数量充足、结构合理、素质较高的教师队伍。目前，我国将法治教育确立为德育的教育方针，有利于在思想观念上塑造青少年的法治精神。但在一定程度上形成了学校对法治教育的重视力度偏弱、专业程度相对较低、教学效果有限的局面。由于我国不少高校尚未形成这样一支队伍，对大学生开展法治精神的培育，大多仍停留在对法律知识层面的阐释，思想理论深度和现实针对性需要进一步提升，法治教育的目标任务的有效实现需要不断增强。同时，有的授课教师囿于法治教育课时的限制，在教学过程中教学手段运用不够充分、教学方式需要创新以及师生之间的良性互动明显不足等实际问题，直接影响着大学生法治精神培育的效果。

第二节 大学生法治精神培育功能

法治精神是新时代大学生应当必备的基本品质之一，对完善社会主义法治国家建设，提升大学生的法律思维和法律观念以及促进大学生健康成长等都具有重要意义。在全面依法治国的新要求下，培养大学生法治精神属于重要的系统性工程。法治精神培育具有引导大学生树立正确的价值取向、提高大学生守法用法能力、增强大学生社会责任感等重要社会功能。

一、引导大学生树立正确的价值取向

大学生法治精神培育具有引导大学生形成正确价值取向的功能。正确的价值观是人的重要内在修养，其形成是一个由表及里、循序渐进的进程。与青少年阶段和成年阶段不同，大学阶段属于中间地带，学生们的思维方法尚未完全定型，大多数同学的价值观具有不成熟性与不准确性的特点，导致大学生缺乏正确处理问题的方式方法。法治精神属于理性思维模式，培育法治精神可以帮助人们形成公正态度，引导大学生以积极的心理状态和正确的方法对待矛盾，避免大学生成长与社会发展轨道和正确的人生方向相偏离。从社会整体发展角度，法治型人格作为大学生人格完善的重要组成部分，是大学生顺应当代社会发展需要的重要品质，使大学生能够顺应法治建设需要，促进大学生全面发展。

二、提高大学生守法、用法能力

守法、用法能力是指在实践中运用法治思维分析和解决问题的能力。在全面依法治国背景下培育大学生法治精神有利于在实践中提高大学生守法、用法能力，引导大学生在实践中遵法、学法、守法、用法，提高法治思维和法治实践能力。在实践中，培育大学生法治精神有助于大学生形成良好的法治品行，引导大学生在实践中做出理性和正确的选择，自觉规避或抵制大学生行为超越法律边界，提高大学生守法用法层次；培育大学生法治精神可以提高大学生守法、用法能力，有利于将法治从抽象概念内化为精神，增强法律认同感和归属感，坚定法律信仰。

三、增强大学生社会责任感

社会责任感是大学生全面发展的必备素质,是新时代赋予大学生的神圣使命。在社会转型时期,社会主体与利益呈现多元化特征,加上大学生社会阅历浅、思想不成熟、品格易变性,这些都对大学生法治精神培育产生挑战和负面影响,增强了大学生法治精神培育的迫切性。培育大学生法治精神具有重要的社会功能,有利于增强大学生的社会责任感,提高法治实践能力;提高大学生群体主动与社会不法行为做斗争的主动性;保证大学生积极自觉参与到新时代社会法治建设中,使大学生在奉献社会过程中感悟所担负的社会责任与历史使命,切实促进大学生的实践能力;培育大学生法治精神和全面推进依法治国的实施,鼓励大学生参与实践的热情,增强大学生的社会责任感。

第三节 大学生法治精神培育的指导思想

大学生法治精神培育要以社会主义核心价值观为统领,树立社会主义法治观念和法律至上理念,引导大学生弘扬法治精神。

一、以社会主义核心价值观为统领

社会主义核心价值观以国家层面价值取向为导向。富强是社会主义现代化建设的最终追求;民主是中国特色社会主义始终奉行的准则;文明是国家发展的目标和动力,也是一个国家发展创新的财富;和谐有利于推进世界协调可持续性发展。

社会主义核心价值观以社会层面价值取向为标杆。社会是人类生活的剪影,凝聚着一个国家国民的意志。自由是社会主义的理想追求。就国家而言,自由意味着民族解放独立、领土完整不受侵犯;对公民个体而言,自由意味着个体从事社会实践活动不受外界客观条件的制约。平等是社会主义制度的基本原则,是全体人民的切身利益与需要的重要保证。公正是社会主义法治的基本原则,是社会存在的终极价值所在,代表着社会主义的根本准则及发展方向。在新时代,公正主要体现在我国独特的社会主义基本经济制度、分配制度以及重视人民主体地位并切实为群众谋福祉的伟大使命。法治是实现社会和谐治理的根本途径,集中表现了我国国情的核心价值诉求,映射出社会主义制度价值诉求的实质,旨在促进社会主义生产力发展,优化调节生产关系,促进公平与效益平衡发展,促成社会公平正义,为社会主义法治进程打下牢固的价值根基。

社会主义核心价值观以个人层面价值取向为基础。无论是大学生法治精神培育还是法治实践,都应以爱国价值观为导向。大学生需有爱国情怀、奋斗意志。敬业是一种传统美德,是一个人安身立命的根基,是人们日常工作的基本要求。法治精神与敬业精神相辅相成,在大学生法治精神培育过程中,要将法治精神培育融入敬业精神,使大学生深知爱岗敬业是其安身立命的关键。诚信是做人的基础,是人的德行的基石,也是促使人类社会持续稳固发展的必要保证。对个人来说,诚信是社会交往的有效工具;对社会来说,诚信是企业成功的重要制胜法宝;对一个民族来说,诚信是民族发展的必要加速器。培育大学生法治精神要基于诚信价值观基础,并将诚信价值观与法治精神相融合。友善是幸福生活的保障,是中华民族长期积淀传承的美德,是维持社会健全有序发展的基本伦理,能有效推动人们深度协作,消除矛盾,维护社会长治久安与安定和谐。

二、以树立社会主义法治观念为核心要求

观念是行动的基石,正确的法治观念对推进法治社会建设有重要的影响。大学生法治精神培育要将树立社会主义法治观念作为指导思想,提高大学生法治精神培育效果,让法治观入耳、入心、入行。

在大学生法治精神培育过程中,高校要依靠法治教育引导大学生树立社会主义法治观念。第一,通过法治教育,大学生能获得对法律的初步认识,掌握基本理论,进而增强法律意识,形成正确的法律观念,在实践中学以致用,自觉约束行为,在内心形成固有的行为准则。第二,通过法治教育,大学生能深化法大于权的意识,学会依法监督各级行政机关执法人员,养成依法依规办事的习惯。第三,通过法治教育,大学生能增强对法律的认知。知法懂法是树立社会主义法治观念的根基与先决条件,大学生不仅应自觉学习法律的基本常识、自觉遵守法治观念,还要明确权利的范围与边界,懂得越界的后果,在学习和工作中遵循法律基本原则,不超越法律界限,坚持依法治国与制度治党、依规治党的统筹推进。

三、以"法律至上"为价值观念

法治属于治国策略,在社会主义法治国家建设中运用法治手段治理国家,旨在选择以法律为主的社会治理模式。法治的第一要义是"法律之治",当今社会要求大学生具有法律观念,树立"法律至上"理念,明确法律的确立与推行需要人们将"法律至上"理念铭记于内心、外化于行。作为未来社会的建设者和接班人,大学生应时刻铭记"法律至上"的理念和原则。在新时代,大学生只有具备法治观念,树立"法律至上"理念,才能依法做事、依法化解消除矛盾,培养良好的法治思维。

"法律至上"即法律在社会秩序中处于至上的地位,任何组织及个人皆需依法

行事，不可越过法律界限。任何政府、司法组织及群众都应依照法律处理政事、依法审判、遵法守规。"法律至上"理念有助于大学生树立社会主义法治观念，用法律知识武装头脑，进而推进大学生法治精神培育的有效开展。

第四节　大学生法治精神培育路径

新时代如何更好地培育大学生法治精神，进而提升大学生法治意识、提高大学生法治思维，是有效建设社会主义法治国家、培育优秀依法治国人才的必要性问题。党的二十大报告中提出的关于"全面依法治国"观点的论述使建设社会主义法治国家有据可循，大学生法治精神的培育也应该站在依法治国战略的高度，综合各方面因素条件，运用科学的、灵活的方法，探索培育路径，引导大学生在新时代成为社会主义法治的自觉遵守者和坚定捍卫者。

一、提升学校法治教育理念、有效增强法治效果

"法治当中有政治，没有脱离政治的法治。每一种法治形态背后都有一套政治理论，每一种法治模式当中都有一种政治逻辑，每一条法治道路底下都有一种政治立场。"沿正确的政治方向、用恰当的法治理论培育大学生法治精神。高等教育已从精英模式转向大众化，高等学校在构建大学生法治精神方面责无旁贷，这不仅是顺应法治建设对大学生的基本要求，也是法治社会发展的必然途径。

首先要夯实法治基础，培育正确的教育理念。在学校教师需增强大学生法治理论知识的普及，充分发挥思想政治理论课的主渠道作用，构建全方位、全过程、全员育人的教育理论体系。通识教育理念，引导大学生正确了解我国宪法，培育宪法精神，熟练掌握我国法律规范体系、实施体系、监督体系以及保障体系，培养大学生独立辨别是非的能力，注重大学生对中国特色社会主义法治精神和法治理念的培育，以马克思主义为导向，使法治精神融入大学生学习、生活全过程，增强法治内容的生活性，以"生活化"教学模式，引导大学生关注社会热点、分析社会问题、了解国内外形势，提高他们的维权意识和能力。

其次要转变观念态度，丰富创新教育教学方式。学校要转变固有的教育功利主义观念，从促进大学生全面发展的角度出发，合理定位法治教育目标，培育大学生法治精神，提升大学生法治素养，让法治理念深入人心。同时要一改传统单一的"填鸭式"教学方式，结合实际案例、专题讲座、模拟现场、课外调研等丰富多样的形式，引导大学生从被动学习转为主动学习。此外，在新时代善于运用新手段新技术开展法治教学活动。以微信、QQ、微博等大学生乐于接受的方式进行互动，开展网络教育，为大学生分享更多的实时资源，聚焦社会现实问题，从

而不断满足大学生对法治的求知欲，解决大学生对法治的困惑。

再次要加强教师队伍建设，提升教师整体法治素养。俗话说"打铁还需自身硬""善禁者，先禁其身而后人；不善禁者，先禁人而后身"，教师的法治素养是培育大学生法治精神的关键，而大学生法治精神培育的关键是为中国特色社会主义培养人的问题。因此要提高教师法治思想水平，引进基础知识扎实、实践经验丰富的专业教师教授法治理论，并不定期对教师进行法治方面的培训和继续教育，提升他们的专业化、正规化水平，夯实理论基础、强化思想建设、及时掌握理论前沿，以自身正能量鼓舞激励大学生，成为学法、尊法、守法、用法、弘扬社会主义法治理念的典范。

二、发挥大学生主观能动性、树立坚定法治信念

大学生法治精神的培育应当注重充分发挥自身主观能动性，以积极主动的态度培养法治思维。一方面大学生要提升法治学习的自觉能力，认识法律在生活中的重要性，认可法治的社会地位，对教师课堂传授的法治教育内容充分吸收，透彻理解，并通过多渠道主动吸取法治的精髓。例如运用大学生熟悉的新媒体手段，积极关注社会动态，聚焦生活琐事，观看学习法治类教育节目，形成法治学习的第二课堂，以弥补在学校课堂教学中的缺失，从而真正形成系统的法治体系，对法治产生浓厚的兴趣，在学习和生活中学会体验实践，增强法治意识，践行法治精神的责任和能力。另一方面在课后或观看法治节目以后，注重反思，领悟整个过程的现实意义带给他们的启示，善于发现周围发生的法律案例，能够熟练培养自己以法治的态度思考问题，处理问题，有针对性、选择性、目的性地将自己思想和行为进行转化，保持积极健康的良好心态，提升自身法治精神，实现法治知识内化，树立坚定的法治信仰，在理论与实践的配合中产生更高的价值目标，为真正实现法治人才而不懈努力。

三、加强社会法治文化建设、营造良好法治氛围

新时代，我国法治建设站在了新的起点上，无论是大学生还是学校，都是法治社会的有机组成部分，都会受到来自社会各方面的影响，马克思曾说："不是人为法律而存在，而是法律为人而存在。"因此要更加注重社会法治建设，加强社会法治氛围，使人们体会到内心共同希冀的法治价值。良好的社会氛围来源于人们诚实守信，尊法守法，有较高的道德素养，坚定的理想信念。在这样的环境氛围中，大学生才能潜移默化地形成法治思维，培育法治精神，提高法治理念。

首先要深化制度建设，形成系统的法治体系，使法治管理规范化、合理化、民主化，并且有针对性、时效性地建立健全规章制度、组织机构，考核评估机制

等，加强法治宣传教育，构建大学生法治制度基础。其次人人要做到严格守法，以法治的规范性、约束性、强制性对人们在思想和行为上进行调控，排除权力本位、厌讼、愁讼、法律工具主义等落后思想，培养人们逐渐形成权利本位、法律面前人人平等、自由、正义的新时代法治思想。最后还要进一步完善制约和监督机制，以有效合理的方式和手段实施法治教育，做好舆论宣传工作，结合新时代网络媒体的广泛传播，使法治社会环境优化，法治社会建设力度加强，法治社会监管保障有序进行，进而滋养和培育大学生良好的法治精神。

第五节　大学生法治精神培育的时代意蕴

一、促进大学生全面发展

大学生是社会主义建设伟大事业的主力军，促进大学生全面发展，不仅是大学生自身成长需要，更是当前背景下，践行并推进全面依法治国的时代重任。而大学生正处于迈向成熟的关键期，虽然在思维方式、行为习惯、价值取向等方面已具有鲜明的时代性和独立性，但是，仍具有很大不确定性和不稳定性。当前大学生成长于网络环境下，海量信息泥石俱下，纷繁复杂，大学生筛选和甄别信息能力不强，意志力薄弱，其价值选择和行为规范极易受到冲击。法治精神是社会主义核心价值体系的重要组成部分，一定层面上具有内在共通性，是塑造"三观"的重要导向、统一认知的行为规范、传承文明的重要途径。加强大学生法治精神培育，有利于指引大学生人生价值选择和道路规划，促进大学生全面发展。

（一）帮助大学生树立正确人生观、世界观、价值观

在我国当前环境下，法治精神涵盖了人权、民主、公正、理性、和谐等诸多精神，是社会主义核心价值观二十四字要义在法治领域的精神表达，是社会主义核心价值体系的重要组成部分。如依法治国精神强调的宪法至上精神，有利于提高大学生对社会主义法治价值认同、信仰宪法权威、增强爱国主义情怀。又如良法善治精神涵盖的人民主权精神、自由人权与平等和谐精神、司法独立公正精神、全民守法精神，有利于帮助大学生深刻理解民主、自由、和谐、公正等价值理念，增强权利责任意识、诚信意识、守法意识等。通过培育法治精神，可以不断强化大学生主流价值认同，逐渐将主流价值内化于心，形成自己看待世界、处理事物的准则，在日常活动中指导实践。

（二）帮助大学生健全法治性人格

顾名思义，法治人格即指能够适应社会法治需要的人格。一般认为，人格的

形成，需要先天遗传和后天环境交互作用。法治人格是为满足社会法治建设培育发展的特殊人格，带有明显社会属性，需要经过后天环境影响才能形成。大学生法治精神培育是通过理论灌输、意识熏陶、认同强化等手段促进大学生自觉认同法治并产生信仰的过程。在这个后天环境对个体施加影响的过程中，法治精神包含的民主、公平、正义、权责等丰富内涵，正是法治人格的关键要素，对法治人格的形成具有促进作用。而大学生法治人格的逐步健全，会对个人法治认知、法治情感和个人行为产生影响，自觉认同社会法治体系，并在日常活动中，自觉以法律为准绳，约束自身行为，明辨是非，抵制不良诱惑。

（三）帮助大学生学习优秀传统文化，促进个人成长成才

任何一种精神的产生都不是凭空而来的，特有的变化过程、深厚的文化土壤，是其发展的必然要素，法治精神亦然。社会主义法治精神虽然代表了现代法治的至高理念，但它成长于中国数千年传统法治文化之中，凝聚了中国法治思想智慧的结晶。因此，大学生法治精神培育过程，也是大学生学习优秀传统文化、汲取文明成果、明悟时代精神的过程。同时，社会主义法治精神是不断完善发展的，始终保持时代性和先进性，是推动社会主义法治国家建设的不竭动力。故进行大学生法治精神培育，还有利于他们及时领悟时代精神，并与个人价值追求相融合，促进个人成长成才。

二、弘扬法治文化

法治文化对全面推进依法治国影响深远，是法治国家、法治政府建设的灵魂，是促成法治成为整个社会普遍认同的深层次社会心理和文化自觉的重要推手。法治精神是法治文化的核心部分，培育法治精神，是加强法治文化建设、弘扬法治精神的重要手段。大学生是社会群体中最具生命力的部分，思维活跃、行动迅速、影响广泛。文化的教育过程也是文化的传播过程，进行大学生法治精神培育，是法治文化建设，更是法治文化弘扬。大学生法治精神培育是整个社会合力作用的系统工程，在这个工程中，大学生不仅是受教育者，也是传播者，这种传播主要体现在三个方面：

（一）对大学生当下所处社会群体的传播

当前大学生成长于网络环境，与网络环境深度契合，其行为模式深受网络影响，善于通过网络迅速、广泛地表达自我和收发信息，并且大学生作为社会群体未来的接班人，受关注度高，其行为和思想影响广泛而深刻，法治文化通过大学生群体可以在整个社会广泛传播开来。比如，在网络环境下，大学生群体网络趣缘行为明显，在趣缘群体中，成员彼此认同度高，信息共享性强，大学生既是信

息发射点，也是信息传播桥，法治文化可以通过大学生个体在整个趣缘群体内得到认可。并且，个体参加趣缘群体的类型和数量都具有不确定性，参与主体的重叠，可以促进法治文化在不同群体内传播，实现法治文化由点到线再到面的广泛传播。

（二）对大学生将来所处社会群体的传播

文化的弘扬与发展不是囿于一隅，更不是一朝一夕，它既有横向的传播，也有纵向的传承。大学生是未来社会法治文化建设与弘扬的主力军，进行广泛而深刻的大学生法治精神培育，是法治文化得到传承与发展的保障。继承与创新是保持文化生命力的关键所在，而要实现文化的继承与创新，必须依托社会的人。大学生法治精神培育是引导大学生将社会主义法治文化内涵内化于心的过程，有利于帮助大学生从社会主义法治文化发展渊源、发展脉络、核心价值等方面进行系统学习，加深对法治文化认知的同时，形成自己独有的文化素养脉络，提高对法治文化的继承和发展能力，推动社会主义法治文化长效传播。

（三）对外的传播

近年来，随着文化主体意识觉醒，我国文化软实力建设逐步加强，法治文化作为中国优秀文化的重要组成部分，体现了我国公平、正义、和谐、共享的发展理念，成为对外彰显中国文化精华不可或缺的因素，不断加强和推进法治文化弘扬，已成为国家走出去战略的实然要求。一方面，网络信息技术的发展，为国内外文化交流提供了无限可能，承载不同价值观念、意识形态的文化产品，直接或间接在网络平台上相互碰撞，彼此影响。当代大学生群体是网络社会原住民，进行法治精神培育，有利于大学生群体自觉把社会主义法治文化转化为适合网络传播的状态，使其语言更加生动灵活、载体更加丰富多样，在对外文化交流中更具魅力。另一方面，大学生作为社会群体最活跃的部分，海外留学、国际夏令营、交换生等形式的跨国活动频繁，对外交流广泛。加强大学生法治精神培育，有利于大学生在对外交流过程中自觉以社会主义法治精神为引导，规范自身，通过语言、行动等方式进行法治文化传播。

三、实践依法治国

实践依法治国，作为基础支撑的法治体系构建至关重要，而作为法治实施关键的公民法治思维、法治意识、法治信仰形成同样不容忽视。培育和弘扬法治精神，正是将人权、民主、公正、理性、和谐等精神授之于众，让公民在学习、思考、实践中不断深化认知，并在自我意识领域内，对法治自觉认同、信仰。大学生群体在社会群体中接受度最高、可塑性最强、发展前景最广，是社会发展的储备军,代表着未来社会的生命力。因此,基础性、长远性、战略性意义是培育大学生法治精神在实践依法治国过程中的现实考量。

(一) 基础性意义

法治实践是实现法治理念、推进依法治国的重要环节,要深化法治实践,民众对法治的认同和信仰状态是关键部分。一方面,大学生作为中国未来社会的中流砥柱,他们的法治精神状况在一定程度上就决定着整个社会群体未来的法治思维、法治意识、法治信仰水平,是未来法治中国建设的基础。另一方面,"合抱之木,生于毫末;九层之台,起于累土"。法治精神培育不是一蹴而就,它是在外界环境不断影响下,通过自身认识不断深化和实践,在不断检验后逐渐内化而成的,公民的法治精神培育是一个持久性过程,要保障未来社会法治中国建设的民众认同基础,必须在其价值观念形成期就开始。大学生群体正处在人生观、世界观、价值观塑造的关键期,接受度强,可塑性强,对其进行法治精神培育,是实现个人法治精神趋于完美的基础性工作。

(二) 长远性意义

我国法治建设已迈出重大步伐,但是始终保持与时俱进,才能做到实事求是,长效永续。因此,顺应时代发展需求实践依法治国,一定要因时而进、因时而新,不断完善和进步,这就要求推进实践依法治国人才队伍建设。大学生是社会主义接班人,他们当中孕育着践行未来依法治国方针政策的大多数、支撑未来依法治国改革进步的关键人才。加强大学生法治精神培育,一方面为将来社会实践依法治国提供了队伍保障,另一方面为实现法治理念传承、发展、进步以及依法治国长效发展提供了人才保障,具有长远性意义。

(三) 战略性意义

坚持全面推进依法治国,不断深化依法治国实践,是我国国家治理体系的重大变革,与传统社会德治或人治理念有明显区别。虽然我国公民法治意识已明显提高,但是受传统社会治理模式限制,社会群体在思想观念上,对依法治国和良法善治的认同度仍有待加强,具体行动上,司法不公现象仍然存在,执政不依法行为仍有发生,民众违法违纪更是屡见不鲜,加强法治精神培育,推进现代化法治理念宣传教育迫在眉睫。大学生群体处于不断学习和发展的阶段,可塑性强,对新生事物关注度高、接受力强,且一旦成型,影响深远。对大学生进行法治精神培育,有利于新政策、新观念的传输和发展,对实践依法治国具有战略性意义。

第六章 大学生法治精神培育的创新研究

第一节 数智时代大学生法治精神的培育

数智时代的到来对大学生法治精神的培育提出了挑战，同时也提供了机遇，大学生法治精神的培育是国家、社会和学校的共同责任。应通过建立多元主体的平台机制，正确引导圈群文化，对数字技术进行法律规制以及更新教育理念与模式等方式，大力推进大学生法治精神的培育。

一、加强大学生法治精神培育的顶层设计

从国家层面上，国家应该承担顶层设计的责任，营造依法治国、法律至上的氛围，根据宪法的基本原则，完善网络空间的各种法律制度，规制网络违法犯罪行为。同时，借助互联网、大数据等数字技术，优化官方平台的法治教育机制。从目前来看，以习近平同志为核心的党中央高度重视宪法权威的树立，通过宪法日、宪法宣誓制度等为大学生的法治精神的培育提供了良好的氛围环境和制度保障。建议进一步借助网络化智能化平台，根据大学生的阅读习惯和心理特征，创新法治宣传教育模式，提升大学生法治精神培育的成效。同时，国家需要建立健全法治精神培养的教育体系。法治精神的培育是一项长期而系统的工程，我国教育部、司法部、全国普法办关于印发《青少年法治教育大纲》的通知对公民成长过程中的法治教育进行了总体部署，特别是对大学阶段法治精神的培育进行了具体的规划。大学生作为网络原住民以及网络在线生存的重要群体，培养其法治精神对于数智时代的民主法治建设至关重要。我国在《青少年法治教育大纲》实施过程中，应该重点强调宪法的重要地位，逐渐将大学生培育成"具有数字素养，基于民主社会的自由、平等、团结的基本价值观，以批判的、积极的、负责任的

公民身份参与数字社会。"除了法学专业外,高校各个专业在思政课程中应该将法律知识的讲授作为重要的内容,以课程思政的基本理念为指导,采用案例教学等方式培养大学生的法治精神,借助宪法日进行广泛的宣传活动,充分调动学生的积极性,将宪法和法律知识内化为法治精神。

二、正确引导圈群文化

在数智时代,各种社会组织依托于网络而呈现于数字空间,表现为人们基于业缘、趣缘、血缘、地缘等链接形式形成的各种圈群,"如果以'群'为基点来理解互联网,那么不同的'群'就是不同的生活环境,他们用各自不同的象征符号体系来认识、传达和解释自己的在线实践,也构成了一个局域性网络文化"。圈群成为相同阶层或者价值观相似的群体进行人际交往或者思想交流的重要场域,当代大学生,作为网络原住民,更是活跃于各种圈群之中,其人生观、世界观与价值观受网络圈群文化的影响非常大。但是,"智能算法的信息推送在信息供给侧、信息需求侧和信息生态链中,形成了一个意识形态的'圈层分化''圈层极化'和'圈层固化'的政治认知特质",从而使目前的很多网络圈群存在排他性、封闭性甚至群体极化的风险。因此,需要以主流话语引导网络圈群,这就要求主流媒体主动进行传播方式与内容的变革与创新,主动利用数字技术破解信息茧房,化解同质信息引发的群体极化现象,通过确立话语权优势,实现对圈群文化的正向引导,以中国特色社会主义的国家观和价值观引领大学生确立正确的法治精神。

三、更新高校在数智时代的教育理念和模式

首先,针对数智时代的特点,在传统文化与当代国情的背景中进行教学内容的设计。面对网络社会中多元价值观的冲突与碰撞,学校应该在教学过程中,进行价值观的引领,在内容讲授方面将马克思主义的基本理论体系渗透到课程之中,使学生在了解和掌握我国的历史传统以及当代中国基本的政治制度、经济制度、文化制度、社会制度以及公民基本权利义务和国家机构运行机制的过程中,增强道路自信、理论自信、制度自信和文化自信,进而增强对中国特色社会主义法治理念的认同与尊崇。

其次,借助数字技术,构建强化法治价值引领、知识传授、能力培养"三位一体"的课程内容设计。大学生法治精神的培育应该充分借助数字技术,通过各种智能化平台,在课程内容设置方面,加强法治基础理论知识与育人目标结合、与社会主义价值观的弘扬结合、与人生价值追求结合,并通过各种学习平台给予课程内容与材料的辅助推送,使学生通过学习能够掌握法律的基本理论、基本原理,了解公民的权利和义务,进而提升法治思维和法治素养。

最后，将国家重大决策和党内法规贯穿于教育过程之中。法学的教学内容并非仅仅局限于教材，也并非仅仅是对法条的讲解，而是应该充分利用数字时代信息传播的便捷性与广泛性，根据全面依法治国的重大战略决策以及依宪治国的重要战略部署和总体目标，结合授课对象的特点，对课程知识体系进行一定的创新性修改，课程内容紧紧围绕时代背景、国际形势以及国家的重大发展战略展开，结合党的重大决策和党内法规等重要文件，引导学生查阅网络资料，开拓学生的视野，提高学生的政治站位，强化中国特色社会主义法治理念。

第二节 协同理论视角下大学生法治精神

全面依法治国属于系统性工程，需要构建多元主体的协同培育体系。针对国家、高校、家庭、大学生等多元主体在大学生法治精神培育中协同性与衔接性不高，提出增强大学生法治精神培育的系统性、协同性和联动性。

一、增强社会和高校对大学生法治精神培育的协同性

国家在大学生法治精神培育中发挥重要功能。社会和高校对大学生法治精神培育具有协同性，但两者的侧重点不同。国家主要立足于宏观角度，创造良好的法治培育环境。具体来说，国家要树立法律权威，推进全面依法治国的实施。高校对大学生法治精神培育主要在于通过法制教育进行实现。

（一）以弘扬社会主义法治理念为抓手促进大学生深度内化法治理念共识

法治精神是法治的内核。法治的实现依赖于人们在实践中形成的法治理念以及人们在实践中养成的自觉守法习惯。一是将弘扬法治理念融入法律实施过程。法律实施环节包括立法、行政、司法等环节。大学生法治精神培育需要两手抓，一方面大力弘扬社会主义法治理念，另一方面也需要培育良好的社会法治环境。两方面措施都要到位，以此促使大学生自觉守法用法，自觉履行规律规定的权利和义务。二是培养大学生法治思维。法治思维是运用法律规范分析、判断和处理问题的思维模式。法治思维的形成需要重视法治精神的培育，积极弘扬社会主义法治理念，传播社会主义法治文化，并在实践中培育大学生形成法治思维，提高大学生对法律学以致用的能力。

高校要以课堂教学为主渠道对大学生进行法治教育，弘扬社会主义法治理念。一是向课堂教学要效果。课堂是大学生培育法治精神的主渠道，要让学生宏观了解社会主义法治理念，为大学生奠定良好的法律知识基础。二是采用先进的教学

方法。需要改变传统"灌输式"教学方法，采用案例教学法。案例教学是为教学实践充分证明了的行之有效的教育教学方法，要求教师在课堂教学过程中精心选择案例，通过案例教学提高大学生对法律的兴趣，提高高校法治教育效果。三是充分运用多媒体教学。在课堂教育中，教师要运用多媒体，并适度插播视频资料，激发学生想象力，提高学生对法律兴趣和培育法治思维。

（二）以共同营造良好的法治环境为依托推进大学生法治精神培育效能

良好的法治环境是大学生法治精神培育的外部条件。一是需要各个部门协同联动。习近平新时代中国特色社会主义思想具有系统的内容体系，明确了全面推进依法治国总目标。营造良好的法治环境需要以习近平新时代中国特色社会主义思想为指导，立法、行政、司法等部门协同联动、各司其职，明确其在营造良好法治环境建设中的权利义务，把法治理念融入立法、行政、司法等实践环节，为营造良好的社会法治环境充分发挥职能。二是需要建立和完善法律法规制度体系。外部环境对大学生法治精神培育具有重要影响，因此国家要采取多种措施不断改善社会环境，提升法律制定质量，提高法律权威性，营造以尊法为荣违法为耻的社会法治环境。三是需要做好社会法治宣传工作。利用互联网信息化功能以及微信等新兴媒体，做好社会法治的宣传工作，促进法治精神深入人心，营造社会法治氛围。四是需要以民众喜闻乐见的方式推进法治宣传教育。民众喜闻乐见的方式具有易于接受性、表达方式生动性等特征，通过这些方式进行法治宣传，有利于大学生接受法治精神，并潜移默化地促使法治精神深入大学生内心，优化社会法治教育环境，推进和增强大学生法治精神培育的效能。

良好的校园法治文化有利于营造校园法治环境，对大学生法治精神培育具有"润物细无声"的渗透作用。一是推进高校法治教育和校园法治环境建设。要齐抓共管法制教育和校园法治建设，做好高校教育和建设校园法治环境的衔接，通过环境熏陶和推进法律知识进课堂，提高大学生学法用法的能力，增强大学生法治精神培育的效能。二是高校要依法制定各项规章制度。加强校园法治文化建设要求高校健全法律制度，这是推进依法治校的前提。在具体实践层面，高校要根据宪法和法律不断制定和完善校园内部规章制度，体现理性、正义和致善，落实责任制，并积极推进高校规章制度的施行，推进依法治校，不断增强大学生对法律的认知，实现高校日常管理的法治化。三是推进法治宣传。高校要充分发挥微信、微博等新兴媒体作用，传播依法治校的内容，营造校园法治文化氛围，潜移默化地对大学生进行法治教育。

（三）以树立法律至上的权威性为重要内容增强大学生对法律的认同

法律权威有助于推进法治国家建设，法律至上是依法治国前提和基础。法律至上的权威要在全社会和高等院校牢固树立起来,增强大学生对法律的认同。一是坚持法律权威。法律具有刚性特征,属于强制性规范,树立法律权威就要将法律至上具体落实到依法治国的全过程,在法律制定和实施的全过程坚持法律的权威性,即具体在法律实施的立法、执法、司法和守法等诸多环节树立法律权威,坚持法律至上,坚持依法办事。二是需要各部门之间形成联动。树立法律权威是社会系统工程,需要各部门之间形成联动,明确各部门在树立法律权威中的责任,充分发挥各部门作用,将法律权威渗透到社会中去,促使全社会行动起来,做好法律权威推进工作,推进依法治国进程,自觉守法用法。三是需要在全社会广泛宣传。国家要在全社会广泛宣传法律,通过加强法制宣传教育,让公民全面了解其权利义务,增强大学生对法律的共识和认同感,增强公民忠诚与信仰法律,促进公民自觉守法意识,维护法律的权威性。

二、加强高校和家庭对大学生法治精神培育的衔接性

高校对大学生法治教育具有重要引导作用,也是大学生法治精神培育的主场所。培育大学生法治精神,高校必须发挥其教育职能,增强大学生对法治价值的认同。

(一) 加强课程建设和师资队伍培育大学生的法治精神

高校要通过加强课程建设和师资队伍建设,并通过采用多样化教学手段,提高对大学生法治精神培育的效果。一是不断完善课程建设,建立课程体系。高校发挥教育的主阵地功能,要将强化思想政治理论课等相关课程建设作为有机载体,使法治教育内容配置合理。教育教学内容科学合理,以此培育大学生的法治精神。建立以"思想道德与法治"为基础的法治教育课程,同时在"中国近现代史纲要"等思想政治理论课中渗透法治教育内容,在其他人文社会科学课程甚至专业课中适时适当适量对大学生进行法治教育,增强大学生法治精神培育效果。二是开设法制教育课程。高校除了开设诸如法律基础这样的必修课之外,还必须开设相关法律选修课程,如"民法学""婚姻家庭与继承法学""社会主义法治理论"等课程供学生选修学习,丰富法治教育内容,建立系统化的法律知识体系。三是加强师资队伍建设。具有较高法律素养以及系统化法律知识的教师,能够在课堂上灵活运用法律知识,用语言和行动彰显法治精神,提高法律教育感染力和说服力,提高大学生学习法律的兴趣,提升大学生综合性法律素养,让学生感受到法律在实践中的魅力。

(二) 注重法律实践环节对大学生法治精神培育的效能

法律实践对大学生法治精神培育具有重要作用。高校要加强实践教育,一是

在经费上要加大投入,为法律实践教育创造条件。实践是法律学习的出发点也是落脚点,学习法律是为了法律实践的需要,通过实践有利于提高大学生守法用法的能力。高校应当加大法律实践经费投入,通过建立法律实践基地,模拟沙盘等途径拓宽大学生法律实践渠道,促进大学生参与法律实践,丰富大学生法治教学形式,培养其法治思维能力。二是建立大学生法制教育校外实践基地,将法律教育课堂延伸到校外。例如,高校可以在公安、司法、警察、监狱等系统建立各种形式的校外实习实践基地,建立社会主义法治理念教育基地等,根据教学计划的要求组织学生到校外实习实践基地参观学习,在实践中让学生感受到法律的权威,在实践中不断强化学生的法律价值观,树立对法律的敬畏和信仰。

(三) 强化家庭与高校对大学生法治精神培育的沟通与衔接

对大学生进行法治精神培育,需要强化家庭与高校的沟通与衔接。一是建立家庭教育与高校教育的沟通与衔接机制。培育具有长期性,属于综合系统过程,要加强家庭和高校之间的沟通联系,建立高效的协调机制,如成立法治教育联盟,密切联动协作,做到资源互通,形成"家庭—高校"教育合力,提升培育效果。二是畅通家庭与高校的信息交流渠道。利用"互联网+"优势,充分发挥网络功能,建立学校与家庭相衔接的微信沟通平台,学校定期将学生在校情况与家长进行交流,家长可以随时了解学生的变化和发展,让家长积极参与到学校教育中来,通过沟通对大学生进行法治精神培育。三是建立高校与家庭的双向信息反馈机制。通过这一机制,高校可以及时从家长处得到学生在家庭中的情况,家长可以从高校知晓学生在学校的各方面表现和成长情况,家校双方共同关注学生法治素质培养,有利于提高学生法律素养,增强大学生法治精神培育效果。

第三节 "互联网+"下大学生法治精神

一、充分利用各种载体和平台,强化大学生的法治教育

在课堂教学之外,高校要充分利用各方面的资源,加强大学生的法治教育。可以邀请法律界的权威人士来校开展第二课堂的教育;可以带领大学生到看守所和监狱,与失足青年面对面的交流,听听他们的忏悔声;可以追踪社会热点案件并就此展开讨论,等等。通过课堂内外多方面、多渠道、多形式的教育,提升大学生的法治意识,培育大学生的法治精神。

二、完善规章制度，加强监管力度，形成知法守法的社会风气

"互联网+"的快速兴起，已经成为改变生产生活方式的全新经济形态。经济形态发生了天翻地覆的变化，但监管体系却没有发生任何改变。互联网发展到今天，资源已达到了全面共享，信息交换趋于互动性、时域性，超越了时空，颠覆了传统，这大大增加了监管的难度。网络平台高速发展的同时，带来一个显著的问题，就是法律滞后性。一是与互联网相关的许多领域尚未形成明确的法律监管体系；二是我国的立法程序比较繁复，不能适应"互联网+"发展的需要。法律规章制定和完善的速度要跟上互联网发展的步伐，否则就会让人有可乘之机。如果全社会都按照有法可依、有法必依、执法必严、违法必究的要求来做，尤其是在校园内能够按照依法治校的要求处理日常事务，大学生的法治精神自然会逐步提高。

三、营造良好的校园法治文化

二十大将"依法治国"战略提到新高度，高校更要积极响应国家意志，通过依法治校，不断提升治理校园的能力。高校要积极营造良好的校园法治文化氛围，把法治文化建设和中国传统文化有机结合在一起，把法治教育与德育教育有机融合在一起，使大学生受到潜移默化的影响，进而心中有信仰，肩上有担当。高校要积极推动法治文化的宣传，优化和创新传统的宣传形式和内容，充分利用微信、微博、微邦等关注度高的新媒体，选择社会聚焦度高、影响力大、富有时代特征的事件，用最接地气的语言向学生传播法律知识、传递法治观念，使学生受到新时代法治文化的熏陶，内化于心，外化于行，人人争做知法守法、爱法护法的社会主义合格建设者、接班人。

"互联网+"时代的到来，大学生法治素养的培育，既要做好法律知识层面的普及又要做到法治精神层面的提升。鼓励大学生积极投身法治建设，不断拓宽大学生参与法律实践的途径，加深他们对法治精神的领悟，提高处理法律事务的能力，让他们从知法、懂法的工具性层面向学法、用法、守法的公民意识价值取向层面转变。顺势前行，不断推进社会主义法治国家建设的进程。

第四节 民族地区大学生法治精神培育

大学生法治精神的培育可以建构在其生活、学习环境中，依托与其联系密切的平台、载体，通过与其切身利益攸关的事务来输出法治精神、体验法治精神。民族地区的高校与一般高校在校情、生源及建设发展水平上存在一定差别，在法

治精神的培育中，应根据自己的特点，注重过程体验，使学生在过程中感知法治、体验公平、懂得责任与权限。"大学生法治教育有所创新，大学便可以成为文化法治的培育场与法治中国建设的先导区。"笔者认为，在传统教育手段之外，民族地区高校应该积极利用新手段培育大学生的法治精神。当前，高校可以积极利用以下途径培育大学生的法治精神：

一、学校、院系、班级决策、制度的民主制定

法治校园离不开规章制度的制定与健全，而规章制度的制定以及决策的出台是否集中了师生意见，是否听取了师生建议，是否发动了师生参与都会体现出该校的民主发展水平和科学决策能力。院系和班级是最靠近学生的组织单位，无论是涉及发展规划的制定还是关乎学生利益的管理规定、奖惩制度都应基于民主原则而制定，使学生在看得见、触及到的共同参与中看到民主协商景象，听到民主探讨的不同声音，感知到制度出台的稳健、科学。只有从身边感知、体验，对法治身临其境，才能使学生对法治精神真正信奉并坚守。

二、高校管理与服务的程序公正

高校作为高等育人机构，在校园管理、教学科研管理与服务、学生管理与服务等事务中，是否有程序观念、是否履行了必要的先行程序、是否遵循了法定程序、程序中是否完备、程序中是否有人文关怀，这无一不体现出公平正义。譬如，在助学金、奖学金等核定上，如果严格坚持标准，信奉程序正义，就应既有标准，依规则办事，坚持公开透明，广泛听取代表性同学的意见。相关教师不能任意自主决定名额、人员，要向班级及部分学生听取意见，取得获广泛认可。因此，学校、院系及班级在开展活动中，要有法治理念和程序意识，程序公正是阳光下看得见的公正公平，会增进师生对法治的情感，会促进结果公平、公正的认可。

三、法治高校建设的制度化水平

如果一所高校十分注重法治高校建设，其制度化建设水平就会较高，管理和服务的法治化、规范化程度就高，对大学生法治精神的教育作用就明显。如果一所高校自身制度化建设水平不高，就难以用制度服务师生。民族地区高校应不断加强学校制度建设，逐步完善依法治校的组织机制和运行机制，明确学校、院系、师生的责任和权利，用制度管理人、服务人。

四、在重大事务办理中显现法治精神

在高校一些日常事务之中，也有一些关乎大学生利益的重大事务，譬如精准

扶贫对象的确定、对某些学生的奖惩、优秀人员的遴选、毕业证学位证的不授予等。这些重大事务政策性强，程序不容缺失。处理中，应坚持程序与实体相统一，在全程处理中彰显法治，利用事务的重大、关切度高，积极对学生进行法治精神教育。

五、畅通学校法治化管理的监督机制

高校虽然是教育机构，但在对外交往、校园建设、招生管理、教学管理等环节也有一定的权力。对权力予以监督制约是法治的基本方面，如果上述权力运行区域未能显现监督，则会使大学生对法治精神的感知造成偏差，因而，高校要在上述以及其他权力运行区域加强制约、监督，防止权力偏向、脱轨，避免正确的决策、制度被扭曲和变形。要积极探索高校权力行使效能的运行标准和评估体系，通过检查、考核，促进权力的健康运行。要充分发挥高校纪检、监察、审计等职能部门的专门作用，把党内监督和党外监督、学校自上而下的监督与师生自下而上的监督、专门部门监督和师生监督、传统监督和新媒介监督等各种监督手段有机结合，绘就监督合力，把住权力运行的"口袋"。

第五节 网络议程设置下大学生法治精神培育

一、议程导向现实化，更新法治精神培育理念

法治精神培育想要取得实效首先要转变理念，教育目标要从传授法律知识向培育法治精神转变，教育者要从被动适应网络媒介环境向主动参与网络育人转变。"教育者是否具有媒介素养，是立德树人活动能否开展的前提；教育对象是否具备媒介素养则是教育对象能否掌握'德性'与能力的重要支撑"。法治教育者要主动走出舒适圈，走进网络，占领网络阵地。重视媒体资源，发挥议程导向作用，掌握网络话语权。从线下传授法律知识教育向线上培育法治精神发展。网络时代，提升法治精神培育实效性，不能仅关注知识本身，更应该注重受教育者的能力建构，包括信息辨识、甄选，价值判断的能力，"授人以鱼，更要授人以渔"。线下突出系统的知识传授，防止法治教育被碎片化、娱乐化；线上以大学生的兴趣和需求为导向，从用户思维出发，针对不同信息的特点和个体关注强度，设计不同议题议程，引导他们加强对法治的关注程度，强化对法治内涵的认知。对社会高度关注的、与个人利益密切相关的、具有很强互动性和趣味性等三类议题给予高度关注。教师应主动设置反映法治精神的主流网络议程；用法治思维主动介入学生热议的议程，帮助学生正视问题，深入分析问题，解决问题；通过有趣的互动，

开辟多渠道对话方式，拉近法治教育与大学生的距离，宣传社会主义法治观，提高大学生对法治的价值认同。

二、议程设置多样化，优化法治精神培育内容

法治精神培育通过前导型（通过一定的教育方法引导受教育者普遍认可）和后补型（纠正未被法治原则的现象和行为），从而不断提高社会成员对法治的价值认同。在前导型教育中，增强网络叙事的能力，既包括传统的教材，也应有一些能够体现教育目标、引发共鸣、联动线上线下的"教育产品"。这包括网络意见领袖的自媒体平台、也包括"学堂在线""超星泛雅""易班"等教育平台，还包括一些动漫、视频等具备教育性、观赏性、传播性的文化产品。大学生已经成为网络传播的中坚力量。法治教育必须要重视大学生自我意识表达的需求，把握大学生思想变化，主动倾听大学生的声音，直面社会热点、舆论观点和校园事件。开通校园法治热线，密切关注校园、警务、政府之间的数据关联能力，营造良好的网络法治教育环境。要积极引导大学生合理表达，从解决学生最关心、最疑惑、最现实的问题入手，鼓励大学生协同参与校园管理、公共事务决策，提升大学生网络信息传播自我把握、自我审核、自我净化的能力。在后补型教育中，当大学生群体对某一话题高度关注且充满困惑，亟待专业人士解答，消除疑问时，应当主动介入，通过开展各类线上线下分享会、讨论会的形式，疏导舆情，引导议程正向传播，鼓励大学生为法治发声；当发现校园舆情危机的苗头时，应该提早介入，抢占先机，传递法治教育的权威声音，表明态度和立场，梳理时间发展过程，及时制止各类网络谣言。

三、议程传播互动化，改进法治精神培育模式

网络时代，教育者从教导者向引导者转变，要改变传统灌输式教导思维，注重媒介融合，建立一种平等、互动式的教育模式。将课堂的法治教育与虚拟空间的法治精神培育相结合，让线下线上相"加"变为相"融"。网络媒体拓展了思想互动的空间，使得教学时空更加开放；大学生的主体地位、积极性和创造性更加受到教育者的重视。高校法治教育者要继续发挥课堂教育重要地位，充分利用思想政治课教育主渠道，积极整合媒体资源，发挥媒体传播的信息聚合作用，建立大学生法治教育资源库，通过平等讨论、互动交流、开放式探索等实现师生之间、生生之间的法治信息传播、信息共享。高校法治教育者要当好旗手和表率，不能仅仅停留在各类教育平台上"发声"，简单地把传统教育方式的内容搬到网络上，满足于诠释各类法律理论；还要发挥议程设置的作用，提升媒体素养，熟悉网络传播的特点，敢于、勇于、善于运用网络媒体开展大学生法治教育，深入大学生

的日常学习、生活，了解大学生的兴趣点、困惑点，及时回应大学生各类法律疑问，与大学生建立更多的对话场域，引导大学生逐渐养成法治思维习惯，自觉规范自己的言行。同时，要通过各类评奖评优，注重挖掘和培养大学生"意见领袖"，梳理正面典型，赋能宣传骨干，发挥朋辈教育的示范作用。大学生网络社区意见领袖可以持续地、较为真实地反映学生的所思、所想、所求，还可以运用自身的亲和力拉近与学生的距离，宣传用法治精神来观察世界、认识世界、了解世界、分析网络热点话题的正确方法，在法治谈论和法治调查过程中带头发表自己合理观点，引导大学生以理性、正确的方式表达政治诉求，制止过度言论，引导建立有序、健康的网络环境。

参考文献

[1] 宋惠昌.法治精神：现代社会的政治信仰［J］.理论视野，2017（5）：61-63，79.

[2] 古拉斯卡尔.浅薄：你是互联网的奴隶还是宰者［M］.刘纯毅，译.北京：中信出版社，2015：150.

[3] 洪涛，冯娅楠，马冰玉新媒体环境下高校网络思想政治教育新理路——基于议程设置理论的解析［J］.思想理论教育2016（12）：85-90.

[4] 张峰，李富龙新时代大学生法治教育目的探析［J］.高教论坛，2019（5）：16-21.

[5] 蓝邱勇.自媒体时代大学生法治精神的化育理路探究［J］.思想教育研究2017（9）：122-125.

[6] 文森特莫斯可数字化崇拜：迷思、权力与赛博空间［M］.黄典林，译北京：北京大学出版社，2010.

[7] 杨向卫，仵桂荣新时代高校法治教育的路径依赖及范式转换［J］现代教育科学，2019（5）：50-55.

[8] 欧阳友权.网络文学论纲［M］.北京：人民文学出版社，2003.

[9] 马克斯韦尔麦库姆斯议程设置：大众媒介与舆论［M］.郭镇之，徐培嘉译北京：北京大学出版社，2008.

[10] 岳金霞网络议程设置与思想政治教育虚拟环境优化［J］.思想政治教育，2009（4）：41-45.

[11] 蒋忠波.网络议程设置的实证研究［M］.北京：中国社会科学出版社2015：54.

[12] 柏路.自媒体时代立德树人"的困境与超越［J］.社会科学战线，2018（1）：270-274.

[13] 夏晓青，唐开鹏."互联网+思维'对高职院校法治教育的启示 [J] 高教论坛，2018（2）：71-73，76.

[14] 徐辉校园文化建设理论与途径研究 [M].北京：北京工业大学出版社，2021.

[15] 冯刚，孙雷.新时代高校校园文化建设概论 [M].北京：光明日报出版社，2019.

[16] 徐川.中自信说 [M].北京：中信出版社，2021.

[17] 贾立平，郭跃军，祝大勇，等校园文化建设与社会主义核心价值观实践教育研究 [M].北京：人民出版社，2019.

[18] 黄建雄论课程思政背景下的高校教师队伍建设 [J].中学政治教学参考，2022（8）：72-75.

[19] 杨飞.大学文化建设：问题目标：路径---基于供给侧改革的视角 [J].江苏高教，2018（7）：47-50.

[20] 程莉新时代大学校园文化建设 [M].北京：中国原子能出版社，2020.

[21] 别敦荣回归还是超越：行业性高校转型发展的愿景 [J].等教育研究，2021，42（8）：36-44.

[22] 龙宝新赵婧.双减政策破解义务教育内卷化困境的机理与路向 [J] 现代教育管理，2022（4）：20-29.

[23] 王霞.新时代全面从严治党引领机制的构建路径分析 [J].山西青年，2020（15）：67-68.

[24] 余清臣，元错学校文化学 [M].北京：北京师范大学出版社，2010：62.

[25] 王帅.高校校园文化活动过程设计探究 [J].学校党建与思想教育2017（19）：88-90.